Georges Lafenestre

Jehan Fouquet

L'art français au XVe siècle

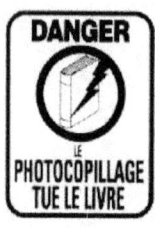 Le code de la propriété intellectuelle du 1er juillet 1992 interdit en effet expressément la photocopie à usage collectif sans autorisation des ayants droit. Or, cette pratique s'est généralisée dans les établissements d'enseignement supérieur, provoquant une baisse brutale des achats de livres et de revues, au point que la possibilité même pour les auteurs de créer des œuvres nouvelles et de les faire éditer correctement est aujourd'hui menacée. En application de la loi du 11 mars 1957, il est interdit de reproduire intégralement ou partiellement le présent ouvrage, sur quelque support que ce soir, sans autorisation de l'Éditeur ou du Centre Français d'Exploitation du Droit de Copie , 20, rue Grands Augustins, 75006 Paris.

ISBN : 978-1724878267

10 9 8 7 6 5 4 3 2 1

Georges Lafenestre

Jehan Fouquet

L'art français au XVe siècle

Table de Matières

Section I	7
Section II	9
Section III	18
Section IV	24
Section V	30
Section VI	46

Section I

L'art français du XVe siècle n'a pas bonne réputation. Entre l'art religieux et idéaliste du Moyen Age, qui semblait épuisé dès le XIVe siècle, et l'art, aristocratique et païen de la Renaissance italo-classique, importé au XVIe siècle, le rôle de cet art intermédiaire, art déréglé, réaliste, familier, bourgeois, populaire, a paru longtemps sans portée. Alors même que, depuis la réaction romantique, les préjugés scolaires ou mondains dont nos yeux avaient été troublés durant trois siècles commencèrent de s'affaiblir sous l'effort passionné des archéologues, des poètes, des artistes, cette douloureuse période de notre histoire, entre Charles V et Charles VIII, ne cessa point encore d'être regardée comme la moins digne d'une admiration attentive. L'impérieux besoin de classifications nettes et de formules vives qui semble la condition fatale de notre activité nationale, en même temps que la cause de ses erreurs et de ses désillusions, trouvait trop bien son compte dans ce facile ostracisme qui lui permettait, là comme ailleurs, en s'abandonnant à ses passions du moment, de se complaire dans l'ignorance dédaigneuse et dans l'ingrat oubli de son passé.

Comment, en effet, se résoudre à croire que, durant l'horreur séculaire d'affreuses convulsions à l'intérieur exaspérées par l'occupation étrangère, parmi les angoisses d'une lutte interminable et désespérée pour ressaisir, par la force ou la ruse, avec le sol natal, l'idée même de la patrie, il y ait eu place encore, sur cette misérable terre, pour une activité sérieuse et féconde des architectes, des sculpteurs et des peintres ? Les gouvernements monarchiques et les académies officielles ne nous enseignaient-ils pas obstinément, malgré les protestations de la Grèce et de l'Italie, que les arts, dits de la paix, ne sauraient bien fleurir que sous l'abri silencieux des régimes réguliers ? En réalité, c'est depuis une trentaine d'années seulement que la facilité croissante des voyages instructifs et des comparaisons rapides, l'invention et l'extension de moyens de reproduction, par le moulage et la photographie, plus exacts et moins dispendieux que l'ancienne gravure, l'installation, au Trocadéro, du Musée de sculpture comparée, le retentissement donné à de justes revendications par la propagande vaillante de Courajod à l'Ecole du Louvre, ont enfin, au-delà du monde spécial des amateurs et des érudits, ouvert les yeux de tous ceux qui veulent bien voir, et, pour tous les esprits impartiaux, rétabli la vérité. La vérité, c'est que, durant le XVe siècle, même dans les provinces envahies, même dans l'Ile-de-France qui, de toutes, eut le plus à souffrir, le travail des artistes ne fut guère interrompu ; que les provinces éloignées ou indépendantes, Lyonnais, Bourbonnais, Provence, Languedoc, Bourgogne, Artois, Flandre, Comtat-Venaissin, ne furent jamais plus productives ; c'est qu'enfin, lorsque la paix fut conclue, dans une admirable explosion de joie réparatrice, toutes les régions les plus endolories, la Normandie, la Champagne, la Guyenne, l'Orléanais, la Touraine, se remirent au travail, relevant les églises, bâtissant les palais, embellissant les logis avec une rapidité et un entrain sans exemple. Historiens et économistes ont déjà constaté que les règnes de Louis XI, Charles VIII, Louis XII ont été la période la plus heureuse pour les ouvriers, les paysans, les marchands, à cause de l'élévation des salaires et de l'abondance des vivres. C'est aussi la période durant laquelle la France produisit le plus d'œuvres d'art ; ce qui nous reste encore, malgré toutes les destructions, d'édifices publics ou privés, de sculptures, de vitraux, de tapisseries, de meubles, d'orfèvreries, de miniatures, de gravures, suffit à en donner la preuve.

La vérité encore, celle qui explique, jusqu'à un certain point, de si longs et injustes mépris, c'est que cet art, disséminé sur un vaste territoire, en des milieux divers, transmis uniquement par l'enseignement pratique et local, sans une tradition nette et étroite comme dans la petite Flandre, sans des méthodes régulières et sans des théories raisonnées comme à Florence, ne présente aucun caractère d'unité dans la production, non plus que de progrès décidé et général dans l'évolution. Dans cette agitation perpétuelle, aucun centre scolaire n'a pu se former ; toutes les villes où l'on travaille ont des habitudes internationales. Sur les bords de la Loire, aussi bien qu'à Lyon et en Provence, les artistes italiens sont déjà mêlés aux artistes français ; on trouve, à Avignon, en terre papale, autant d'ateliers septentrionaux qu'à Dijon, capitale des ducs flamands, ou qu'à Angers, séjour du roi René, dilettante cosmopolite. Parmi cette foule de praticiens, la plupart nomades, les groupements sont rares, l'indiscipline est de règle, la culture des plus variées, l'habileté fort inégale et assez souvent médiocre.

Mais, si l'unité manque, en revanche, quelle abondance et quelle liberté dans l'invention, quelle spontanéité et quelle variété dans l'imagination, quelle franchise, quelle honnêteté, quelle gaîté dans l'observation ! C'est la dernière fois, chez nous, que l'art se manifeste encore, dans la vie quotidienne, comme une expression naïve, générale et populaire de la pensée nationale.

Des trois grands arts directeurs, auxquels se rattachent tous les autres, l'architecture, la sculpture, la peinture, c'est le dernier qui a le plus de peine à retrouver ses titres de noblesse ; ce malheur s'explique aisément. La peinture n'est-elle pas, de tous les arts, le plus délicat et le plus sensible, par conséquent, le plus exposé aux fluctuations du goût ? N'est-ce pas, en même temps, le plus fragile, celui qui, fixé sur des murailles humides ou des panneaux friables, reste, en outre, le plus constamment menacé d'une destruction totale par l'ignorance ou la brutalité des hommes autant que de fatales altérations dans sa matière même par le travail de l'air, de la lumière, des intempéries, des négligences ou des restaurations ? Peintures murales ou tableaux de chevalet, si nombreux alors, comme l'attestent les inventaires et les contrats, ont, en effet, presque tous disparu. Toutefois, pour connaître la valeur de nos peintres, il nous reste encore, à côté de trop rares panneaux ou toiles conservés, trois séries d'œuvres, plus souvent épargnées, dans lesquelles le génie français continuait alors de garder sa supériorité comme au Moyen Age : les tapisseries, les vitraux, les miniatures. Tous les peintres d'alors s'exerçaient à la fois sous toutes ces formes. C'est donc par l'étude patiente et amicale de ces ouvrages, regardés bien à tort, autrefois, comme des travaux intérieurs, qu'on reconnaîtra peu à peu le mérite de ces innombrables peintres dont les archives chaque jour nous révèlent les noms oubliés, comme on peut déjà rendre justice à l'un des plus célèbres d'entre eux, Jehan Fouquet.

Section II

Aucune découverte capitale, à vrai dire, touchant la vie de Fouquet, n'a été faite depuis les magnifiques reproductions en lithochromies de son œuvre éditées par Curmer en 1867 avec notices et commentaires de Vallet de Viriville, A. de Montaiglon, L. de Laborde, R. P. Cahier, etc. L'érudition ou la clairvoyance de MM. de Grandmaison, Viollet, Bouchot, Paul Durrieu, Leprieur n'a pu qu'y ajouter quelques documents de détail, et grossir la liste des œuvres authentiques ou vraisemblables. Presque tous ces travaux antérieurs viennent d'être résumés, avec élégance et clarté, dans la publication luxueuse de M. Anatole Gruyer, sur les miniatures du musée Condé.[1] Quelques points importants sont désormais établis : Fouquet est né à Tours, vers 1420 ; il a séjourné en Italie, au moins une fois, à Rome, au temps d'Eugène IV (1443-1447) ; il est revenu ensuite s'établir dans sa ville natale ; il y fut le peintre en titre de Charles VII et de Louis XI ; il y dirigeait un atelier florissant, avec ses deux fils comme collaborateurs ; il y est mort vers 1480.

Voilà tout ce que nous savons. C'est quelque chose assurément, c'est bien peu encore. Où et comment s'est-il formé ? Est-ce à Tours ? Probablement. Mais est-ce à Tours seulement ? N'aurait-il pas, comme son émule, le sculpteur Michel Colombe, l'autre fondateur de l'Ecole tourangelle, complété son éducation à Bourges et à Dijon, ces deux centres actifs, parmi les chefs-d'œuvre qu'y avaient récemment accumulés les grands artistes des ducs Jean et Philippe, ces promoteurs passionnés, comme leur frère le roi Charles V, de la première Renaissance française ? C'est bien vraisemblable. Est-il retourné plusieurs fois en Italie ? A-t-il pu suivre ainsi l'évolution italienne dans ses phases successives, connaître Mantegna et Melozzo da Forli, comme il avait connu Vittore Pisano et Fra Angelico ? Nous sommes disposés à le croire. Toutefois, sur ces différents points, nos suppositions attendent encore des preuves.

Il est heureux, pour ce bon peintre, que les Italiens se soient montrés, de son temps, à son égard, moins indifférons, ou moins discrets, que ses compatriotes. C'est, en effet, à des Italiens que nous devons les premiers renseignements et les plus vifs témoignages d'admiration qui ont permis de relever cette gloire française. Entre 1450 et 1460, Antonio Averulino, surnommé Filarete, architecte et sculpteur florentin, au service du duc de Milan, Francesco Sforza, dressant une liste des grands peintres capables de décorer la cité

---

1 *Chantilly.* — *Les Quarante Fouquet*, par M. F.-A. Gruyer, membre de l'Institut. Ouvrage illustré de quarante héliogravures : Plon.

idéale que son patron veut construire, n'hésite pas à proposer, dans la meilleure compagnie, notre Tourangeau. Après avoir déploré les morts prématurées ou récentes de Masaccio, Masolino, Fra Angelico, Domenico Veneziano, Pesellino, Andréa del Castagno, il craint qu'on ne puisse pas, dans le moment, trouver d'excellents peintres en Italie : « Je crois bien, Seigneur, qu'il nous faudra attendre, car il y a ici disette de maîtres, de bons maîtres... Il faudrait voir outre-monts s'il n'y en a pas. Il y en avait bien un, d'une très grande valeur, qui s'appelait maître Jean de Bruges (Jan Van Eyck), mais, lui aussi, est mort. Il me semble qu'il doit y avoir encore un autre maître, Roger (Roger van der Weyden), qui est bien doué. Il y a encore un Fouquet, Français ; s'il vit encore, c'est un bon maître, surtout pour les portraits d'après nature. Il a fait à Rome le pape Eugène avec deux des siens auprès de lui, qui semblent en vie. La peinture est sur toile et fut placée dans la sacristie de la Minerve. Je le dis parce qu'il l'exécuta de mon temps. »

Dans le manuscrit de Filarete, le nom de Fouquet, soit mal lu par un copiste, soit plutôt écorché par la prononciation étrangère, s'est changé, en *Giacchetto*, comme il se changera plus tard en *Fochetta* chez les imprimeurs de Vasari ; l'identité de l'artiste n'est pas douteuse. Quelques années après, en 1477, un autre Florentin, résidant à Tours, prendra soin de nous éclairer. Francesco Florio, probablement homme d'église, commensal ou locataire d'un chanoine, près de la cathédrale, est un humaniste et un dilettante, l'auteur d'une nouvelle : *De amore Camilli et Emilie Aretinorum*.[1] Sybarite et douillet, il recherche les climats doux, les sociétés aimables, les conversations instructives, la bonne musique et les bons repas ; c'est pourquoi, après de nombreuses pérégrinations, il a fini par s'installer en Touraine. Au retour de ses promenades quotidiennes hors des murs, il s'arrête souvent, « soit pour éviter la chaleur, soit pour se reposer un peu, » dans l'église Notre-Dame-la-Riche, où se trouvent des peintures de Fouquet. Peintures murales ? Suite de panneaux ? Grands rétables ? Hélas ! Le Toscan ne décrit rien, mais comme il admire ! « Là je compare les images des temps anciens avec les modernes, et je me convaincs que Jean Fouquet dépasse par son art les peintres de tous les siècles. Celui

---

1 Imprimée à Paris en 1413. L'éditeur ajoute : « *Editus* **(composé)** *in domo domini Guillermi, archiepiscopi turonensis, MCCCCLXVII.*

dont je parle est Fouquet, un homme de Tours, qui non seulement est de beaucoup le plus habile des peintres du temps, mais qui a dépassé tous les anciens. Pour que tu ne croies pas (la lettre est adressée à un autre amateur, Francesco Tarlati, à Rome) que j'imagine et que je poétise, tu peux déjà déguster quelque chose de Part de cet homme dans notre église de la Minerve, où lu pourras aller voir le pape Eugène peint sur toile, qu'il n'a fait pourtant qu'en sa jeunesse et qu'il a néanmoins réussi à représenter d'une façon merveilleuse par sa vision perçante. N'en doute pas, je t'écris la vérité, ce Fouquet est vraiment puissant à faire, avec son pinceau, des figures vivantes. »

Ce portrait d'Eugène IV, à la Minerve, garda longtemps une telle réputation auprès des artistes italiens qu'en plein XVIe siècle, en 1550, Vasari ne manque pas d'en parler. D'après lui, Giovanni Focchetta, ce très illustre peintre, aurait obtenu la commande de ce tableau par l'intermédiaire d'Antonio Filarete. Plus tard, il se serait même encore trouvé à Rome, avec le même Filarete, dans une *vigna* hors des murs, devant un trop copieux repas, à la suite duquel le vieil architecte, déjà malade, fut emporté par une dysenterie. Si cette légende d'atelier était fondée, on aurait la preuve que Fouquet retourna à Rome vers 1470, mais Vasari, en la supprimant dans une seconde édition, semble lui-même en avoir reconnu l'incertitude ou la fausseté.

Les témoignages français, tous postérieurs, sont conçus en termes trop généraux pour nous éclairer beaucoup. C'est, en 1495, un des courtisans de la suite de Charles VIII, décrivant l'enchantement ressenti, près de Naples, dans une étape à Poggio-Reale, qui trouve cette « maison de plaisance » plus belle « que le beau parler de maistre Alain Chartier, la subtilité de maistre Jehan de Mehun, et la main de Fouquet ne sauraient dire, escrire, ni peindre. » C'est, en 1503 et 1504, Jehan Le Maire de Belges, historiographe prolixe et poète ampoulé, factotum bourdonnant de Marguerite d'Autriche, chargé de ses rapports avec les artistes, qui cite deux fois Fouquet avec admiration. Dans la *Plainte du Désiré ou Déploration. du Trépas de Mgr Loys de Luxembourg*, on entend la Peinture et la Sculpture, « deux claires nymphes, ses plus privées damoiselles et pédisséques, » en compagnie de dame Nature, pleurant « sur ce noble corps gisant mort tout de frais estendu sur un lit de camp, » faire l'éloge des peintres qu'il admirait ; ce sont, en Italie, Léonard, Gentil Bellin, Pérusin ; dans les Flandres, Roger (Van der Weyden), Hugues de Gand (Van der Goes), Joannes « qui tant fut élégant » (Memling) ; en France, avec Marmion, « jadis de Valenciennes, » notre Fouquet, « qui tant gloires eut siennes, » Poyet (de Tours, peintre d'Anne de Bretagne), Jehan Hay (Simon Hayeneuve du Mans, architecte et dessinateur), Jehan de Paris (Jehan Perréal, l'artiste le plus célèbre et le plus occupé de France, sous Charles VIII et Louis XII). Dans la *Couronne margaritique*, même éloge de Fouquet, « en qui tout los s'emploie, » le premier des artistes appelés à tresser des fleurs pour Marguerite d'Autriche. Un peu plus tard, Jean Pèlerin, dit le Viator, chanoine de Toul, en son traité *De Artificiali Perspectiva*, dans un pêle-mêle de peintres illustres, cite Fouquet, avec Berthelemi (Barthélémy Clerc, peintre du roi René), Copin (Coppin Delft, peintre de Louis XI), Colin d'Amyens (dessinateur du tombeau de Louis XI à Cléry), à côté de Mantegna, Pérugin, Léonard. Au XVIe siècle, Brèche, dans son *Histoire de Tours*, rappelle que Fouquet eut deux fils, peintres comme lui. Et puis, c'est tout. Ensuite, comme sur toutes nos gloires du Moyen Age, sacrifiées aux engouements ultramontains, pendant trois siècles, la nuit tombe sur son nom. Ainsi, sans le souvenir de trois lettrés italiens, sans l'heureux hasard d'une note du bibliothécaire Robertet, désignant l'illustrateur des *Antiquités judaïques*, nous en serions réduits pour Fouquet, comme pour tant d'autres aussi célèbres de leur temps, Perréal, Marmion, Coppin Delft, à d'incertaines recherches et à une ignorance anxieuse.

Ce qui reste bien acquis, d'abord, c'est qu'il est Tourangeau, Tourangeau de race, de naissance, de tempérament, de séjour, d'habitudes. Les Fouquet sont encore innombrables dans la région. Ce sera un Fouquet, paysan sceptique et irrévérencieux, poursuivi pour avoir gardé son chapeau devant un convoi funèbre, qui fournira à Paul-Louis Courier l'occasion de son premier pamphlet. Le nom sent son terroir, la physionomie de l'homme aussi, comme on la peut si bien connaître dans la plaque d'émail (Musée du Louvre), où le peintre s'est représenté lui-même, en signant *Johannes Fouquet*. La fabrication de l'émail est italienne, mais le jeu savant et délicat des hachures et pointillés d'or sur les modelés, semblable à celui de ses miniatures, atteste, non moins que la fermeté du dessin, la personnalité, si particulière, de l'artiste. Rien de plus français, de plus français du Centre, de plus tourangeau que ce type. On en rencontre, encore aujourd'hui, entre Cher et Loire, sur les marchés, dans les métairies, presbytères, écoles, de vivants exemplaires à chaque pas. Visage osseux, de structure robuste, assez mal équarri, peu de sourcils, front large et découvert, le nez fort et comme écrasé, les lèvres charnues et serrées, l'œil bien ouvert, le regard net et perçant, quelque chose à la fois de rustique et d'avisé, de paysan et de bourgeois, d'homme d'affaires et d'homme d'église, le type maigre et triste de Descartes et de Paul-Louis, plus que le type gras el jovial de Rabelais et de Balzac. La face imberbe, les tempes rasées, les courts cheveux cachés sous une calotte étroite, contribuent encore à accentuer le caractère plébéien et simple de cette figure ferme et douce dont la gravité pensive inspire confiance et respect.

Fouquet, comme la plupart de ses confrères, sortait-il d'une de ces familles modestes d'artistes-ouvriers où la pratique de la peinture et de la sculpture était héréditaire ? On peut le penser Vers 1400, un miniaturiste, Huguet Fouquet, travaillait à Paris pour les ducs d'Orléans et de Touraine. Lui-même devait faire souche d'artistes. Ses fils, Louis et François, deviennent de bonne heure ses collaborateurs assidus, et c'est probablement un troisième fils qu'on trouve, en 1498, avec des compagnons tourangeaux, maître d'œuvres au château de Gaillon. En tout cas, il put s'instruire à Tours : les beaux exemples et les bons peintres n'y manquaient pas. Depuis un temps immémorial, il y avait, dans l'abbaye de Marmoutier et à la basilique Saint-Martin, des ateliers et des écoles célèbres de miniaturistes. Malgré la destruction ou la dispersion, à jamais déplorable, des trésors d'art qu'on y conserva jusqu'à la Révolution, on peut encore suivre la marche de cet art local dans quelques manuscrits recueillis à Tours et à Paris. Les bibliothèques des deux établissements étaient ouvertes aux apprentis qu'y conduisaient les maîtres de la ville. Parmi ces maîtres, assez nombreux, au commencement du XVe siècle, le plus connu était François Loiseau ; c'est de lui peut-être que l'enfant reçut ses premières leçons.

En tout cas, si nous nous en rapportons à ses œuvres postérieures, Fouquet dut étudier de bonne heure, dans les librairies seigneuriales ou monastiques, d'autres enluminures que les enluminures tourangelles. A Chantilly même, les feuilles du calendrier, dans le livre d'heures du Duc de Berry, où revivent, dans les fonds, tous les plus beaux châteaux de France, le Louvre, Vincennes, Poitiers, Lusignan, avec des laboureurs, moissonneurs, vendangeurs, chasseurs, pêcheurs sur les premiers plans, par Pol de Limbourg ou Jacquemart de Hesdin, ont de tels rapports avec l'œuvre du Tourangeau, qu'il y faut bien reconnaître l'une des sources les plus vives de son talent. On retrouvera toujours chez lui ce même goût pour les architectures pittoresques et les paysages aérés, ces mêmes scrupules d'exactitude dans leur représentation, et, dans ses figures, la même intelligence franche et fraternelle des types populaires et des labeurs rustiques. Il est certain aussi qu'il dut connaître des tableaux du Nord. Sa parenté avec Jan Van Eyck est trop visible dans ses portraits pour qu'on puisse douter de ses relations avec les œuvres, sinon avec la personne, du Flamand. Est-il bien nécessaire, pour cela, de supposer qu'il ait fait le voyage de Gand, pour admirer le *Triomphe de l'Agneau* ? Les villes de Bourgogne possédaient assez d'ouvrages de ce maître (*La Vierge et le chancelier Rolin*, du Musée du Louvre, est restée jusqu'à l'Empire dans la cathédrale d'Autun) ; il s'en trouvait encore assez bon nombre dans les cabinets italiens, pour que l'artiste voyageur ait pu s'en imprégner, en divers lieux, à toutes les époques.

On a cherché aussi comment et pourquoi il alla en Italie. On trouvera sans doute quelque jour son nom dans la suite de l'un de ces personnages, princes, ecclésiastiques, juristes, financiers, presque tous déjà collectionneurs passionnés et enthousiastes, qu'on voit, chaque année, franchir les Alpes, soit avec des titres officiels, soit pour leurs affaires privées. Il suffit que René d'Anjou ou Jacques Cœur, par exemple, se soient intéressés au jeune homme, qu'ils l'aient emmené avec eux, ou appelé auprès d'eux, l'un entre 1438 et 1442, durant sa campagne de Naples, l'autre, à la même époque, lors d'un de ses voyages commerciaux et diplomatiques en Syrie ou en Egypte, quand il faisait escale en Toscane. Les occasions de ce genre ne manquaient pas, mais c'est vraiment faire preuve d'un singulier aveuglement patriotique que de croire, comme on l'a fait, ce jeune homme étranger appelé expressément par Eugène IV, pour faire son portrait. C'est oublier que, lorsqu'on 1443, ce

Pontife rentra à Home d'où l'avaient chassé, suivant leurs habitudes séculaires, ses turbulents sujets, il n'y avait pas mis le pied depuis 1434. Or, durant ces neuf années, installé à Florence dans le couvent de Santa Maria Novella où « pour occuper son temps, » nous dit son libraire Vespucci « étant bon calligraphe, il copiait des bréviaires, » l'exilé s'était entouré de lettrés et d'artistes. L'heure était belle pour les arts. Eugène put bénir, successivement, en ce court espace, la coupole de Santa Maria del Fiore, par Brunellesco, les secondes portes du Baptistère (les portes du Paradis), par Ghiberti, les bas-reliefs des orgues, par Luca della Robbia et Donatello ; voir terminer le tombeau de Leonardo Aretino par Bernardo Rossellino, la fresque équestre de John Hackwood par Paolo Uccello, presque toutes les peintures de Fra Angelico dans le couvent de Saint-Marc, les œuvres les plus caractéristiques d'Andréa del Castagno, Domenico Veneziano, Filippo Lippi, etc. Ces artistes sont ceux dont se souviendra toujours Fouquet. Pour nous, nous n'en saurions douter, il vécut avec eux, il travailla avec eux, il prit sa part, humble encore ou déjà sérieuse, de leurs efforts et de leurs découvertes, et quand le Pape, enfin rappelé dans la Ville Eternelle, y emmena ses chers artistes de Florence, ses hôtes familiers, Fra Angelico, Donatello, Antonio Filarete, Vittore Pisano, le jeune Français, peut-être l'élève et l'aide de l'un d'eux, se trouva compris dans la bande. Fouquet ne se sentit pas, d'ailleurs, à Home, le seul de son pays ; M. Eugène Müntz a rencontré, parmi les pensionnaires du Vatican, un peintre verrier français, M. Baptiste, qui semble avoir été un artiste d'importance. Quoi qu'il en soit, c'est durant ce dernier séjour d'Eugène IV à Rome (1443-1447) que Fouquet travailla dans le couvent de la Minerve, sous les yeux de Fra Angelico qui l'habitait et qui devait y mourir (1455). Le divin moine partageait alors son temps entre la chapelle du Saint-Sacrement, au Vatican (fresques détruites au XVIe siècle), et la cathédrale d'Orvieto, en attendant qu'il pût achever, au Palais pontifical, dans la chapelle de Nicolas V, l'admirable série des *Légendes de saint Etienne et de saint Laurent* (1450), l'œuvre d'Italie avec laquelle l'œuvre de Fouquet présente les rapports les plus frappants.

A quelle époque, précisément, Fouquet revint-il en France ? Un acte de 1448, à Tours, constatant l'acquisition du petit domaine, sur la paroisse de l'Ecrignole, où il devait vivre et mourir, semble avoir été signé non par lui, mais par son père. C'est en 1461 seulement que nous l'y trouvons, par pièce authentique, installé depuis quelques années sans doute, car il est déjà peintre du roi. A la mort de Charles VII (22 juillet), on lui apporte de Bourges l'effigie funéraire du défunt. Quelques semaines après (24 septembre), les échevins de Tours lui règlent ses honoraires pour avoir préparé, avec Chouain, architecte, et Hannes, sculpteur, « certains devis de chafauds, mistères et farces à la venue et entrée nouvelle du roy nostre Sire. » Fouquet, Houain, Hannes en furent d'ailleurs, cette fois, pour leurs frais d'imagination, dessins et maquettes. Louis XI, homme sérieux, positif, économe, fit prier, au dernier moment, les Tourangeaux de s'épargner toutes ces mises en scène, « parce qu'il n'y prenait nul plaisir. »

Dès lors, le bon Fouquet, modeste et laborieux, vit en famille, dans l'immeuble acquis en 1448. Le petit domaine se compose d'une maison avec jardin, sur la rue des Pucelles, au bas des remparts, entre deux vieilles tours, la tour Foubert et la tour des Pucelles. Cette dernière, à laquelle on accède du jardin, par un portail bâti au-dessus d'une ruelle, appartient au peintre. C'est là, sans doute, qu'étaient ses ateliers ; il y pouvait travailler en paix, dans la solitude, ses fenêtres ouvertes sur la campagne. La ruelle existe encore ainsi que la tour Foubert, et, depuis ce temps, s'appelle la rue des Foucquets. La tour des Pucelles est tombée, mais son puits se retrouve dans la cave de la maison n° 1. Le logis devait ressembler à tous ceux du même temps qui égaient encore, plus ou moins mutilés, ce vieux quartier : murailles de briques rouges et noires, piliers, portails, frontons, lucarnes en pierre blanche de Bourré moulurée et sculptée, hautes toitures de fine ardoise ; le peintre, sans doute, nous l'a montré plus d'une fois dans ses miniatures. Il y vécut une vingtaine d'années. Un acte nous apprend que sa femme était veuve en 1481. La propriété resta dans la famille jusqu'en 1571, époque à laquelle elle fut vendue par sa petite-fille, Marie Foucquet, femme du sieur Portier.

Section III

Si le logis des Fouquet, d'un côté, permettait vite au peintre de prendre la clé des champs et d'aller, en peu d'instans, reposer sa vue sur les prairies vertes et les coteaux boisés qui avoisinent le cours sinueux du Cher, de l'autre, sa porte s'ouvrait sur les rues enchevêtrées et animées d'une ville très pittoresque et très vivante. Au retour d'Italie, il n'eut point à y ressentir cette tombée d'ennui glacial qui rend aujourd'hui la transition si pénible pour les artistes condamnés à la torpeur et à l'indifférence d'un milieu provincial. Entre Tours et Florence, au XVe siècle, la différence n'était pas aussi grande qu'elle avait pu l'être auparavant et qu'elle l'est depuis redevenue. La ville principale de Touraine, déjà très florissante sous Charles VII, à cause du voisinage de Loches et des autres résidences royales, et déjà peuplée de grands seigneurs, de dignitaires ecclésiastiques et civils, de capitaines et de juristes, avec une nombreuse colonie étrangère d'ambassadeurs et même d'artistes, s'accrut encore rapidement dès qu'elle devint, sous Louis XI, le siège du gouvernement et la capitale de la France.

C'est toujours à des Italiens que nous devons le témoignage de cette prospérité et de la vie agréable et brillante qu'on menait alors sur les bords de la Loire. En 1401, le 23 décembre, arrive à Tours, pour saluer le nouveau roi, une ambassade de la République florentine, composée d'une centaine de personnes. Les ambassadeurs étaient Mgr Filippo de' Vieri de' Medici, archevêque de Pise, Buonaccorso di Luca Pitti, Piero de' Pazzi. L'entrée fut magnifique. Les Florentins restèrent à Tours jusqu'au 15 janvier. Durant ces trois semaines, ce ne furent que visites de gala, réceptions officielles, festins, concerts, promenades. Les comptes de dépenses, avec les notes et impressions d'un chancelier très cultivé et très ouvert, publiés par l'*Archivio Storico*, nous font assister à toutes ces fêtes. Par le nombre des hauts personnages chez lesquels les envoyés vont faire visite ou vont dîner, on peut juger que la société mondaine était nombreuse, joyeuse, hospitalière. Leur plus forte dépense consiste en pourboires et gratifications distribués aux musiciens, chanteurs, sonneurs de luths, cithares, harpes, trombones, tambourins ou flûtes, que les autres ambassades sédentaires ou les grands seigneurs français envoient chaque jour exécuter, sous leurs fenêtres ou dans leurs salles, des aubades et sérénades. On ne jette guère moins de florins à des danseurs, bateleurs, escamoteurs. On aimait le bruit à Tours ; on y aimait aussi, et l'on y cultivait la bonne musique.

Sur ce dernier point, comme sur beaucoup d'autres, c'est encore notre Florio qui nous renseigne le mieux. Sa lettre de 1477 à Tarlati est une description complète de Tours. La véracité de l'écrivain, non plus que sa sincérité, ne peut être mise en doute. Florio est un étranger, de grande culture, un voyageur intelligent et expérimenté ; non seulement il a habité Florence et Rome, mais il a parcouru l'Asie et l'Afrique, réside trois ans à Paris. S'il a fini par se fixer à Tours, s'il a décidé d'y terminer sa vie, c'est qu'il n'a pu trouver de résidence plus agréable. D'abord, quel climat délicieux ! Nulle part de plus tièdes hivers, nulle part de meilleurs étés ! « Aucune eau plus pure ne cherche à rompre ses tuyaux dans les faubourgs de Home que celle qui, en Touraine, s'agite et murmure, sur les pentes, en ruisseaux diligents. Ici règne l'heureuse Cérés et, plus joyeux, le père Bacchus, par qui toute la contrée abonde en vins gracieux qui n'épaississent point le sang par leur lourdeur, ni ne dessèchent les humeurs par leur dureté1. Ici aussi viennent des fruits très sains, tels que les jardins des Hespérides, à mon avis, n'en sauraient porter de plus agréables, parmi lesquels il y a surtout une espèce de poires qu'on appelle Bon Chrétien, à cause de son excellence, d'une telle beauté, d'une telle suavité, de quelque façon qu'on les mange, soit crues, soit cuites, qu'elles nous donnent une idée de la bonté des fruits du Paradis. Ce fruit, parmi toutes les poires, est le plus grand et le plus durable, et si particulier au sol tourangeau que si, partout ailleurs, on le greffe ou le plante, ou le fruit ne vient pas du tout, ou il est tout à fait dégénéré. »

Notre Florentin, on le voit, ne dédaigne pus les petites joies de la bouche ; il aime plus encore les grandes joies de l'art, celles qu'on reçoit par les yeux et les oreilles. Comme beaucoup de ses compatriotes, c'est un amateur libre et avisé, très éclectique ; sa curiosité est insatiable et universelle. Lorsqu'il va faire un tour dans la ville ou dans la banlieue, c'est « pour que son âme d'homme jouisse de la variété des choses, *ut renmi varietate humanus animus gaudeat.* » Grâce à lui, nous connaissons déjà ce que nous reverrons dans les peintures de Fouquet, la ceinture tournante et ondulante des remparts dorés de la ville, avec les silhouettes dentelées des tours, clochers, toitures, jaillissant, en groupes aériens, au-dessus de la masse confuse des maisons entassées, les hautes et larges portes s'ouvrant, dans l'enceinte, à distances égales, puis les rues grouillantes de foule, bordées de boutiques et d'ateliers, avec, çà et là, des hôtels princiers et de beaux logis bourgeois ; à l'Orient, la cathédrale de Saint-Gatien, récemment décorée de son élégante façade en style nouveau ; à l'Occident, la vénérable et majestueuse basilique de Saint-Martin, entre deux églises maîtresses, celle des Bénédictins et Saint-Julien. La cathédrale, dit-il, « est une belle église, toute joyeuse, et parfaite, et si bien concordante en toutes ses parties, qu'à la voir seulement, soit dehors, soit dedans, qu'on soit triste ou affligé, on se sent heureux et gai, car toutes ses parties se joignent et s'accordent ensemble en de si justes proportions et avec tant d'harmonie qu'on y voit merveilleusement resplendir la quantité par la qualité et la qualité par la quantité. » Il n'est pas bien sûr que Jehan de Dammartin et Jehan Papin, les deux modestes et savants architectes par qui fut achevée et modernisée avec tant de goût la cathédrale, de 1432 à 1480, aient souvent entendu, dans la bouche de leurs compatriotes, un éloge plus juste de leur œuvre qu'en cette bouche étrangère !

Florio suivait assidûment les belles cérémonies qu'on faisait à Saint-Gatien ; -il y admirait un clergé nombreux et bien paré, et de bonis chanteurs dans la maîtrise. Toutefois, rien là de comparable, comme plaisir, à ce qu'il éprouvait à Saint-Martin. Sans doute, à cause des malheurs publics, le clergé de la Basilique, autrefois innombrable, était trop réduit : 50 chanoines, 56 vicaires, 80 chapelains, seulement ! Mais, en revanche, quel beau clergé ! Quand il voit officier à Saint-Martin, Florio croit voir le Pape et ses cardinaux. Que dis-je ? Il déclare (en priant Tarlati de ne pas montrer sa lettre à leurs amis de la curie romaine) que, sous ce rapport, la basilique tourangelle est bien plus édifiante que celle de Saint-Pierre de Rome, « cette église si noble, si superbe, mais qui n'aurait que peu de messes, si des prêtres étrangers, Hongrois, Daces, Teutons, Gaulois, Espagnols, ne suppléaient, par leur dévotion, à l'indifférence et à la paresse des nôtres. » Il n'ose même pas parler de la Basilique de Saint-Paul hors des murs « où le culte, à cause de l'insolence de ses prêtres, est abandonné à des moines qu'on voit s'y traîner, le cou tordu. » Oui, oui, répète -t-il, c'est une honte pour l'Italie, mais, en vérité, « pour la piété, pour les cérémonies du culte, pour la dévotion des clercs, ce n'est pas seulement par la France, en général, qu'elle est dépassée, c'est par une petite ville de France ! »

Malgré l'excellence des chœurs à Saint-Martin, la meilleure musique qu'on puisse entendre, néanmoins, c'est celle de la chapelle royale, au vieux château, près de la Loire. Chaque jour, les chanteurs de Louis XI y exécutent la messe et les vêpres. « Ce sont tous des artistes choisis, les meilleurs du royaume, mais, parmi eux, par la voix et par l'art, Jean Okegam, trésorier de Saint-Martin, maître de la chapelle, resplendit comme Calliope, la favorite d'Apollon, et de même qu'elle sur les Muses, lui, de beaucoup, l'emporte sur tous les autres. Tu ne pourrais ne pas l'aimer, cet homme, tant il est supérieur par la beauté du corps, tant il domine par la grâce de ses allures et de son langage. Lui seul, parmi les chanteurs, lui seul est sans défaut, et, lui seul, comme le phénix en Arabie, peut supporter la fréquentation et l'analyse. C'est là vraiment qu'on comprend ce que vaut la musique et que l'on convient combien la voix humaine l'emporte sur tous les autres instruments de musique. » Musiciens et chanteurs se rencontreront fréquemment dans l'œuvre de Fouquet ; nous savons d'où ils sortent.

Florio fait de longues promenades dans lesquelles le peintre dut plus d'une fois l'accompagner. En sortant de la chapelle royale, tantôt il traverse, sur la Loire, « ce long et large pont, tout de pierre, » récemment achevé, et suit la berge jusqu'à l'abbaye de Marmoutier dont la librairie célèbre contient tant de beaux livres historiés ; tantôt il sort de la ville, par la porte occidentale, et s'achemine vers la résidence champêtre du roi bourgeois, le Plessis (ou les Montils), dont l'accès ne semble pas avoir été alors aussi redoutable et effrayant qu'il le devint bientôt, suivant Commynes. En tout cas, Florio y avait sans doute ses entrées faciles, car il s'étend avec complaisance sur l'aménité du lieu, le plaisir qu'on y goûte à trouver de brillantes réunions et des compagnies instructives, tant de gentilshommes que d'hommes d'étude ou d'église, à suivre de belles chasses à courre ou au faucon, à voir les magnifiques costumes, les nobles chevauchées, les triomphants cortèges des ambassadeurs de tout pays qui s'y succèdent sans cesse et dont la variété lui réjouit l'esprit autant que les yeux.

Les habitants de Tours ne l'enchantent pas moins que son climat, ses fruits, ses prêtres, ses musiciens, sa cour. Il admire en connaisseur « la belle santé de ces Français qui, en général, en jouissent jusqu'à l'extrême vieillesse, ce qui ne serait point, si, comme on le dit en Italie, ils étaient voraces et crapuleux (chez nous, ajoute-t-il, on se retient davantage, mais plus par avarice que par tempérament). » Il n'est pas moins ravi de leur politesse et de toutes leurs bonnes manières, soit entre eux, soit vis-à-vis des étrangers. Quant aux femmes, il n'en saurait dire trop de bien : « Ce que je ne puis taire, c'est que les femmes mêmes, dans cette ville, ont une telle honnêteté, une telle dignité dans la tenue, elles portent des toilettes si magnifiques et si décentes, sans aucune lascivité, qu'elles savent à la fois séduire tous ceux qui les voient et garder leur pudeur intacte ; je passe sous silence leur grâce aussi et leur beauté, pour ne point sembler trop contemplateur de ce genre de formes. » Florio passe ses soirées chez son hôte, le chanoine de Saint-Gatien, « homme de vie intègre, de mœurs probes, accompli en savoir, et, pourtant, sans orgueil ni faste, » où fréquente la meilleure compagnie, car le chanoine « aime tellement les lettrés qu'il fait ses délices de vivre avec eux, et juge que c'est là trouver le bonheur. » — « Ne t'étonne donc pas, dit Florio en terminant sa lettre, si, parmi de tels hommes, religieux, hommes d'église, laïques, je mène une vie tranquille et heureuse ; ne t'étonne pas, non plus, si, ayant déjà passé seize ans hors de mon pays, il ne m'est pas encore venu la moindre pensée de retourner dans notre province. Je crois même, s'il plaît au grand architecte, que je finirai mes jours en France, puisque je n'ai trouvé nulle part une patrie plus saine et plus opulente, ni des gens plus humains. »

On a souvent constaté l'extraordinaire et irrésistible séduction exercée par l'Italie sur les artistes et les lettrés du Nord. N'est-il pas curieux, en sens inverse, de voir cette séduction opérée sur un Toscan, au temps de Laurent de Médicis, Marsile Ficin, Politien, par la France encore tout endolorie de ses longues misères ? N'est-il pas inattendu d'apprendre que ce Tours, où travaillaient Jean Fouquet et Michel Colombe, pouvait être préféré à la Florence de Donatello, Luca della Robbia, Filippo Lippi, Benozzo Gozzoli, par un compatriote même de ces grands artistes, qui connaissait leurs œuvres, les comprenait, les admirait, mais qui était assez éclairé et restait assez impartial pour pouvoir leur en comparer d'autres.

Les ateliers, très célèbres, très occupés, de Fouquet et de Colombe n'étaient pas, d'ailleurs, les seuls où Florio et les autres amateurs pouvaient aller distraire et instruire leur dilettantisme. La présence de la cour amène à Tours, durant un demi-siècle, des artistes de plus en plus nombreux et divers. Au temps de Florio et de Fouquet, parmi les peintres, on connaît Mathurin Poyer et son fils, Jean Poyer, qui devait travailler plus tard pour Anne de Bretagne ; Piètre André, huissier de salle et peintre de Mgr d'Orléans, artiste très en vue et considérable, auquel on a attribué le *Jugement dernier* de la chapelle du château de Châteaudun et qui peignit, en 1472, un grand retable, la *Nativité*, pour Plessis-lès-Tours, Allart Folarlon, l'auteur de décorations murales à l'Hôtel de Ville, dont nous avons une description contemporaine ; Tassis Vinet, qui fit les cartons de plusieurs grandes verrières dans le même édifice. Tous ces collègues de Fouquet sont mis sur le même rang que lui, pour les honneurs et les profits, dans les pièces officielles, et ne devaient pas être des hommes médiocres. On voit aussi, de temps à autre, passer à Tours des artistes célèbres dans les provinces limitrophes : c'est Coppin Delft (d'origine hollandaise, d'après son nom), l'un des favoris du roi René, qui, en 1482, décore la chapelle du Dauphin dans la Basilique de Saint-Martin : c'est le laineux Jehan Perréal ou Jehan de Paris, architecte, décorateur, peintre, sculpteur, dont la résidence habituelle est la ville de Lyon, un prédécesseur, par l'activité et l'universalité, comme par les fonctions, de Primatice et de Le Brun et qui fournit des dessins d'ensemble aux sculpteurs de toute la France (c'est lui qui donna à Michel Colombe les projets du tombeau de la cathédrale de Nantes et des tombeaux de Brou). En 1472, il fait marché à Tours pour les cartons de la grande, verrière dans la cathédrale.

Dans ce centre actif et heureux, où s'élabora l'art de la première Renaissance française, l'art de la Loire, on trouve encore plus d'architectes, de sculpteurs, de tapissiers, d'orfèvres, de brodeurs, de huchiers, que de peintres. Leurs noms, et souvent des renseignements assez précis sur leurs œuvres, nous ont été donnés, dans leurs savantes publications, par De Grandmaison et le docteur Guiraudet. Tout ce monde fourmillait autour des riches financiers, des ecclésiastiques opulents, des gentilshommes dépensiers, des diplomates amateurs, habitant d'élégants hôtels reconstruits dans le style nouveau, vivait par eux, travaillait pour eux. Les fêtes, publiques ou particulières, qui se succédaient sans trêve, sous toutes sortes de prétextes, avec arcs de triomphe, tentures peintes, parades, revues et cavalcades, tableaux vivants et pantomimes, représentations de mystères et farces, cortèges parés, bals et concerts, ne cessaient de fournir à toutes ces catégories d'artistes des occasions éclatantes de montrer leur savoir et d'exercer leur habileté.

C'est toute cette vie, si brillante, si sérieuse aussi, de Tours au XVe siècle, toute cette société cosmopolite, que nous allons retrouver dans les compositions de Fouquet. Gens d'église, capitaines, hommes d'armes, diplomates, lettrés, financiers, marchands, c'est eux qu'il fera revivre, aller, venir, parler, à travers les ruelles tortueuses de la ville ou sous les plafonds peints, entre les lambris dorés, sur les beaux tapis de leurs calmes intérieurs, comme il nous montrera aussi, en plein air, toute la population, rustique et laborieuse, de la banlieue, laboureurs, vendangeurs, mariniers, pêcheurs, au milieu des verdures fraîches de leurs vastes prairies traversées par les eaux jaunes de la Loire ou les eaux vertes du Cher, parmi les panoramas île longs coteaux bleuâtres sur lesquels blanchissent les tours, carrées ou rondes, tics donjons à poivrières protégeant les logis champêtres, moitié brique, moitié pierre, dont la bigarrure sourit doucement au soleil sous leurs coiffes bleues d'ardoises légères.

Section IV

Ainsi qu'on l'a déjà pu voir par certains faits de sa vie, Jehan Fouquet fut donc un vrai peintre, un peintre au sens le plus complet du mot, un peintre tel qu'on l'entendait au XVe siècle, apte aux besognes les plus diverses, publiques ou privées, glorieuses ou obscures, qui rentraient alors, d'après les habitudes et les règlements, dans les obligations du métier. De ses travaux décoratifs, peintures murales, toiles peintes, cartons de tapisseries, patrons de sculptures, tableaux d'église, par malheur, rien n'a survécu. Ce n'est pas que son nom ne vienne, tout d'abord, flotter sur nos lèvres en présence de certaines œuvres contemporaines ; dans le beau plafond de la chapelle Jacques Cœur, à Bourges, les anges sou ri ans, petits-fils de Van Eyck, sont des anges de famille ; comme ceux de Fouquet, ils ont respiré, en passant, l'air subtil de Toscane ; dans le triptyque de l'église Saint-Antoine, à Loches, la *Marche au Calvaire*, le *Crucifiement*, la *Mise au tombeau*, c'est encore plus la clarté vive de Fouquet dans les ordonnances, son naturalisme franc et ingénieux dans les types et les expressions, et, si l'on n'y peut voir, à cause de la date (1485) un peu postérieure à celle de sa mort, une œuvre complète de sa main, on doit au moins y reconnaître des panneaux dessinés par lui et terminés par ses fils. Beaucoup d'autres débris du passé, vestiges de fresques ou fragments de verrières, dans la région tourangelle, peuvent éveiller aussi le même souvenir. Néanmoins, ce ne sont point là des œuvres assez authentiques, ou suffisamment personnelles, pour qu'on y veuille chercher des preuves certaines de son génie.

Cinq tableaux peints, une centaine de miniatures, voilà, en somme, le seul bagage incontestable qu'on puisse, jusqu'à présent, restituer au peintre royal, si célèbre et si fécond. Hâtons-nous de dire que ses prédécesseurs ou successeurs dans la faveur des rois (maries VII et Louis XI, Pierre Hennés, Jacob de Litemont, Henri Mellin, Coppin Delft, Jehan Perréal, Jehan Poyer, Jehan Bourdichon, ont été plus maltraités encore par notre indifférence. Des quatre prémices, aucune trace ; quant aux trois derniers, les ouvrages qui leur ont été rendus, le *Tombeau de François II de Bretagne* dans la cathédrale de Nantes, dont les projets, exécutés par Michel Colombe, sont dus à Jehan Perréal, et le *Livre d'heures de la reine Anne de Bretagne*, enluminé par Bourdichon et Poyer, suffisent sans doute à nous expliquer leur renommée ; toutefois cette beauté même ne peut que grossir en nous le regret de ne point connaître les autres travaux dus aux mêmes artistes, travaux si nombreux et si importants.

Les cinq panneaux de Fouquet, même celui qui représente un sujet religieux, *la Vierge et l'Enfant*, sont des portraits ; or, nous le savons, c'est le portraitiste surtout qu'admirèrent en lui Filarete, Florio, tous ses contemporains. C'est un bonheur, sans doute, mais bien incomplet, puisque, dans la série, ne se retrouve point le plus célèbre, le *Portrait d'Eugène IV*. C'était, hélas ! (chose rare alors et que tous ont signalée comme une sorte d'innovation) une peinture sur toile, et la fragilité de la matière a pu hâter sa destruction. C'était aussi (chose encore peu commune) un assemblage de portraits, une vraie peinture d'histoire. Le Pape s'y présentait entre deux dignitaires ; tel on verra, quelques années plus tard, Sixte IV, entouré de ses quatre neveux, dans la fresque de Melozzo à la librairie Vaticane ; tel, au siècle suivant, Léon X avec deux cardinaux, dans le tableau de Raphaël. Etaient-ce des figures en pied ou à mi-corps ? Nous l'ignorons. Elles étaient sans nul doute de grandeur naturelle. La gravure, assez soignée, du XVIe siècle, qui circule dans les recueils de biographies pontificales, n'a reproduit que le personnage principal. On y voit Eugène, à mi-corps, de trois-quarts, le bras gauche appuyé sur une balustrade, la main droite reposant sur le poignet gauche ; il semble être debout. Son costume est tout à fait simple, de ceux qui plaisaient à Fouquet comme ils plaisent à tous les peintres physionomistes : calotte plate à liséré de fourrure, surplis uni, de linge, à petits plis ; col étroit et bas. Au-dessus de ce corps tranquille, la tête, forte et grave, s'enlève en vigueur, avec des accents très marqués dans les creux et saillies, les orbites, les sourcils, les ossatures, les rides et les veines. A travers la traduction fatalement infidèle, quoique sincère, d'un artiste postérieur, on reconnaît bien encore ce respect scrupuleux, cette étude attentive de la vie et de la nature qui attirèrent alors au Français l'admiration de ses émules d'Italie poursuivant le même idéal de vérité.

Des cinq panneaux retrouvés, deux sont au Musée du Louvre (le Roi *Charles VII* et le chancelier *Jouvenel des Ursins*), deux en Allemagne (*Etienne Chevalier*, au Musée de Berlin, *Jeune homme inconnu*, dans la Galerie Liechtenstein à Vienne), le cinquième au Musée d'Anvers (*la Vierge et l'Enfant Jésus*). Le Portrait du roi, au Louvre, est regardé, par quelques érudits, comme un spécimen du jeune talent de Fouquet, avant son départ pour l'Italie. Les petits rideaux verts, glissant, dans le fond, sur une tringle, encadrent, nous assure-t-on, trop mesquinement, trop prosaïquement, l'effigie royale, pour que ce futile décor ait été conservé par un homme revenant d'Italie. L'argument, à vrai dire, ne suppose ni une connaissance bien sûre de l'art toscan du XVe siècle où les accessoires de ce genre, topiques et significatifs, sont d'ordinaire scrupuleusement conservés, ni surtout une observation bien attentive des habitudes de Fouquet, qui garda toujours ce respect du détail exact, comme une affirmation probante de sa rigoureuse sincérité. Sans doute, l'inscription, *Le Très Victorieux Roy de France*, jamais employée avant la reprise de la Guienne (1451), peut avoir été ajoutée après coup. Qu'importe ? Cette date même (1450 à 1460) ne se lit-elle pas dans les traits du modèle et dans le style de la peinture ?

Si Charles VII, à cette époque, est le « Très Victorieux, » c'est aussi le « Très Malheureux. » Les désillusions, de toutes parts, l'accablent en même temps que la gloire. Sa bonne conseillère des mauvais jours, Agnès, est morte ; le Dauphin, son fils, en exil, maudit, de loin l'inquiète et le menace. L'ancien roi fainéant devenu, sur le tard, un vrai roi, justicier, laborieux, populaire, ne sent, autour de lui, qu'un fourmillement d'ingratitudes et de trahisons. Avant qu'il se laisse mourir, il est, depuis longtemps, usé, navré, flétri. Sous son lourd chapeau bleu rayé de zigzags blancs, dans son épaisse jaquette, quelle allure triste et comme endolorie ! Traits tirés, face bouffie, chairs congestionnées et couperosées. Un tel visage porte-t-il moins de quarante-cinq à cinquante ans ? Evidemment, le peintre a été aussi franc, d'une franchise rude et virile, avec son roi, qu'il l'a été avec lui-même. La ressemblance est criante, d'une exactitude implacable et qui apitoie. Tel sans doute apparaissait le, pauvre Charles, écoutant la messe, entre les rideaux de sa logette, à la Sainte-Chapelle de Bourges, où le tableau resta jusqu'à la destruction de l'admirable édifice par le cardinal de La Rochefoucauld, en 1757. Quand Fouquet voudra donner de son roi une image moins pénible, il saura bien, d'ailleurs, retrouver, sous le masque de l'âge et des sou lira nées, le galant chevalier d'autrefois ; vers le même temps, dans une miniature célèbre, l'*Adoration des Mages*, Charles VII, aussi grave, mais moins accablé, et retrouvant, pour la circonstance, sa noble allure, s'agenouille aux pieds de la Vierge. C'est bien exactement le même homme, du même âge, avec les mêmes caractères, mais l'expression est tout autre et suffit à le transformer. Après tout, n'en est-il pas de même dans la vie ? L'homme d'Etat qui se lève, énervé, maussade, fripé, se ressemblera-t-il à lui-même une heure après, dans une cérémonie publique, sous le feu de la parole ou de l'action ? Rien ne prouve mieux encore la sagacité et la souplesse de l'artiste véridique. Quant à sa technique, malgré l'usure et les repeints, on la perçoit assez encore pour eu constater l'ampleur et la force : c'est la technique d'un peintre vigoureux, en pleine maturité, celle-là même qu'on admire au Salon carré, sur un panneau moins délabré, le *Portrait du chancelier Guillaume Jouvenel des Ursins* (1400-1472).

Plus âgé de trois ans que son roi, peint vers la même époque, son heureux conseiller forme avec lui un singulier contraste. Gros et gras, le visage plein et vermeil sous sa calotte de cheveux ras, on dirait d'un bon moine réjoui, joignant les mains devant son lutrin, si la riche houppelande de pourpre à fourrures qui l'enveloppe, la somptueuse escarcelle d'or pendant à sa ceinture, les magnifiques lambris dorés, plaqués de marbres précieux, portant ses écussons héraldiques, ne nous annonçaient hautement l'importance du personnage. Guillaume est un dignitaire puissant, repu et sanguin, opulent, solennel, vaniteux. Fouquet lui en a donné, honnêtement et largement, pour ses écus ; si le chancelier a pu se mirer dans son image, les courtisans moqueurs l'y ont bien dû reconnaître aussi. Le style de cette figure si vivante est robuste et magistral ; la peinture en est chaude et riche. Il faudra bien du temps avant qu'on ne retrouve, en un portrait français, une telle vigueur de franchise. Avec son intelligence accoutumée des traditions, qu'il modifie sans les détruire, Fouquet a su, d'ailleurs, associer harmonieusement, a de fortes couleurs, les joyeuses dorures du Moyen Age, accentuant ainsi le luxe du milieu où s'épanouit son modèle.

L'or aussi est employé, mais plus discrètement et pour de simples détails, dans les deux panneaux qui formaient autrefois un Diptyque dans l'église de Melun. L'œuvre complète, souvent décrite, très admirée, resta en place jusqu'au XVIIIe siècle. Les peintures étaient alors encadrées dans une riche bordure de velours ornée d'orfèvreries et d'émaux peints, probablement semblables au médaillon du Louvre. A la suite d'aventures inconnues qui les séparèrent, l'une d'elles, *la Vierge*, entra au Musée d'Anvers, avec les collections Van Ertborn ; l'autre, *Etienne Chevalier et son patron*, achetée à Bâle, vers 1805, par M. Brentano, de Francfort-sur-le-Mein, n'est sortie de sa famille qu'en 1896, pour aller au Musée de Berlin, malgré plusieurs tentatives françaises pour ramener cette pièce précieuse à son lieu d'origine. De tout temps, *la*

Vierge de Melun a passé pour l'image d'Agnès Sorel, la protectrice de Chevalier, qui fut l'un denses trois exécuteurs testamentaires. Certains traits communs avec la statue funéraire de Loches, la hauteur du front bombé et très découvert, l'absence presque complète de cils, la finesse du nez, la petitesse de la bouche, et, de plus, la rondeur ferme du sein jaillissant de la robe dégrafée, cette beauté dont Agnès était fière, donnent quelque vraisemblance à cette tradition. Quoi qu'il en soit, la mère et l'enfant trahissent encore l'étude d'après nature, étude pénible, à peine transposée. Les angelots pourprés, voltigeant à la cantonade, ne suffisent pas à diviniser le groupe. Reste une grande dame, de beauté française, non classique. mais intelligente et affable, une reine, si l'on veut, coiffée en arrière d'une haute couronne surchargée de rubis et perles, en robe bleue, robe de gala, très serrée autour de la taille longue et fine, avec ceinture pendante d'orfèvrerie et, sur les blanches épaules nues, un manteau blanc doublé d'hermine. Elle regarde doucement son nourrisson, aux cheveux roux et aux yeux gris, un petit Français aussi, nu, assis, sur ses genoux. La peinture, désaccordée, grisâtre, frottée, éteinte, a beaucoup souffert ; autant qu'on en peut juger, le style, surtout dans les contours de l'enfant, est encore sec et dur, comme d'un homme qui pense trop aux naturalistes âpres des fresques ultramontaines.

La même fermeté, mais, cette fois, avec une entière franchise et une admirable aisance, s'affirme dans l'autre panneau de Melun, mieux conservé, au Musée de Berlin. Ici le grand trésorier de France se présente, agenouillé, les mains jointes, dans un intérieur, accompagné par son patron, saint Etienne. Celui-ci est debout, en robe noire à bandes d'orfroi, tenant, sur un riche missel, la pierre de son martyre ; sa tête blonde et tonsurée est d'une expression fervente et digne, aussi réelle et aussi vivante que la tête, couronnée de cheveux noirs, de l'adorant en houppelande pourprée ; le saint et son protégé sont également des portraits ; le fond de marbres à pilastres accentue la réalité de la scène. L'exécution des visages, des mains, des draperies, des accessoires est d'une sûreté et d'une délicatesse comparables à celles des meilleurs Florentins, que le Tourangeau rappelle encore par l'aération légère et fine des fonds lumineux où se juxtaposent ses colorations fraîches et claires.

Le dernier portrait qu'on puisse résolument lui attribuer se trouve à Vienne, au palais Liechtenstein. C'est un homme, d'une trentaine d'années, rasé, aux traits irréguliers ; yeux inégaux et affectés d'un léger strabisme, grande bouche, lèvres épaisses, l'oreille ronde et trop forte, la main gauche sur une balustrade. Costume très simple : toque noire, vêtement noir, avec un fermail au col, une exquise orfèvrerie. L'œuvre est datée de 1456, en caractères capricieux comme ceux de l'émail du Louvre. M. Friedlander croit y trouver un autre portrait de l'artiste ; c'est, je crois, une erreur. Malgré quelques traits voisins dans les types, la structure des maxillaires, la disproportion dans la grandeur des yeux, on ne saurait reconnaître, à Paris et à Vienne, le même personnage. Peut-être y a-t-il entre eux un air de famille ; peut-être avons-nous là le portrait d'un frère ou parent de Fouquet. Quoi qu'il en soit, c'est un type très français aussi, analysé et individualisé avec une énergie et une finesse tranquilles qui en font encore un chef-d'œuvre.

Section V

Si grande que soit la valeur des portraits de Fouquet, c'est bien mieux encore, c'est seulement dans ses miniatures que se peuvent à plein connaître et mesurer l'originalité et l'étendue d'un talent si personnel et si novateur qu'on serait tenté de l'appeler du génie, si ce mot glorieux n'avait, de noire temps, perdu toute sa valeur par le sot abus qu'en font la vanité, l'ignorance et la flatterie. Talent ou génie, d'ailleurs, peu importe, car la personnalité de Fouquet, suivant la loi commune, n'est point une fleur qui se soit épanouie hors de saison, sans semence, sans culture ; on en peut mettre à jour les racines, comme on peut montrer, autour d'elle, d'autres Heurs presque aussi parfumées et charmantes. Fouquet n'est pas le seul qui, vers le milieu du XVe siècle, sut excellemment combiner les traditions réalistes des Flandres, précisées par les enlumineurs du Duc de Berry et du Duc de Bourgogne, avec les traditions expressives des miniaturistes français, sous l'action encore flottante, le plus souvent indirecte, mais déjà irrésistible, de l'art italien. On en pourrait citer de nombreux exemples à la Bibliothèque Nationale et dans presque toutes les grandes bibliothèques de l'Europe. Qu'il nous suffise de rappeler les admirables miniatures du missel de Jouvenel des Ursins, brûlé en 1870 à l'Hôtel de Ville

Section V

de Paris, dont il nous reste quelques gravures, celles du Froissart de la Bibliothèque Nationale, celles du roman de la *Doulce Mercy*, par le roi René, à la Bibliothèque Impériale de Vienne. Les artistes anonymes qui illustrèrent ces précieux manuscrits furent de vrais et heureux maîtres, et dans leurs compositions minuscules sont déjà abordées, et souvent résolues, toutes les difficultés de l'art de la peinture. Comment s'en étonner, puisque ces mains, si légères et délicates lorsqu'elles effleuraient le vélin, étaient les mêmes qui brossaient à larges traits des figures colossales sur les toiles à décors et les carions de tapisseries, celles qui posaient, lentement, consciencieusement, sur le bois des retables, des figurines d'une réalité palpable en un milieu exact d'architectures ou de paysages ? La bonne fortune de Fouquet, en son temps, fut d'aller respirer sur place le souffle tout frais encore, exquis et printanier, de la Renaissance italienne à son aurore ; sa bonne fortune, dans le nôtre, c'est que son nom, le premier, ait pu sortir de l'injuste oubli dans lequel sont encore perdus ceux de ses émules.

Le chef-d'œuvre de Fouquet, dépecé à la fin du XVIIe siècle par quelque noble vandale, le *Livre d'heures d'Etienne Chevalier*, dont quarante feuillets s'alignent glorieusement, dans la tribune de Chantilly, entre les travaux juvéniles et fraternels de Filippino Lippi et de Raphaël, fut exécuté, entre 1450 et 1460, au retour d'Italie. Ce ne saurait être un coup d'essai. L'artiste, d'un bout à l'autre, s'y montre si sûr de lui, en telle possession, aisée et constante, d'une technique savante et d'une conception personnelle, qu'on lui doit supposer une assez longue suite d'études et d'expériences antérieures. Où retrouver ces premiers efforts, ces tâtonnements, toujours si touchants, de l'individualité qui se cherche ? M. Bouchot a cru les voir dans cent vingt petites images d'une *Bible moralisme*, commencée par André Beauneveu, continuée, après sa mort, comme il arrivait souvent, par divers enlumineurs de moindre talent, sans jamais être achevée. Nous ne saurions, cette fois, nous ranger à son opinion. Ces images, assez faibles, sentent plutôt l'imitation maladroite d'un style déjà fait que la recherche, hésitante et confuse, mais active, ardente, progressive, d'un style nouveau. C'est peut-être dans quelque bibliothèque d'Italie, à Florence ou à Rome, qu'il faut s'attendre à trouver le document désiré.

Pour le moment, les miniatures qu'on lui peut sûrement attribuer se réduisent à trois séries : 1° les fragments du *Livre d'Etienne Chevalier* (1450-1460), dont quarante se trouvent à Chantilly, deux au Musée du Louvre, un à la Bibliothèque Nationale, un au British Muséum ; 2° 11 miniatures des *Antiquités judaïques* à la Bibliothèque Nationale ; 3° une partie de l'illustration des *Chroniques de France* (Fr. 6465. Bibl. Nat.). On y doit joindre le frontispice d'une traduction de Boccace, *Du cas des nobles hommes et femmes*, à la Bibliothèque de Munich (vers 1459), el, très vraisemblablement, un frontispice des *Statuts de l'ordre de Saint-Michel* (vers 1462), qui lui a été restitué par la clairvoyance de M. Paul Durrieu.

Des trois séries ci-dessus, la plus parfaite, celle qui, d'un bout à l'autre, porte la marque d'une exécution personnelle et attentive, sans intervention d'élèves, est celle qui, commandée par maître Etienne Chevalier, porte, à chaque feuillet, les initiales, en or, du grand dignitaire. C'est là que, rentré en son logis, tout fraîchement ravi des clartés d'Italie et des élégances toscanes le bon ouvrier les accommoda, avec le plus de charme et de verve, à ses habitudes d'observation nette et franche ; c'est là que, sans se soustraire en rien aux exigences natives de son tempérament tourangeau, plus positif que rêveur, plus sensible aux réalités de la vie active qu'aux inquiétudes d'un idéal mystique ou littéraire, il purifia pourtant, il agrandit, il poétisa, par un sentiment nouveau de grâce et d'harmonie, le réalisme septentrional, à l'heure même où, chez les Flamands sédentaires, malgré la supériorité exceptionnelle de Van der Weyden et de Memling, eux aussi, d'ailleurs, allégés et exaltés par le contact de l'Italie, ce réalisme allait vite dégénérer en un maniérisme prosaïque de laideur grimaçante et brutale, mal sauvé le plus souvent par la routine d'une technique insuffisante et attardée.

Dès que les yeux, dans la tribune de Chantilly, s'arrêtent sur la suite des feuillets alignés où reluisent les initiales d'Etienne Chevalier, c'est d'abord, pour eux, un ravissement d'ensemble. Une clarté générale, une clarté délicieuse, la clarté toscane, qui est aussi la clarté française, illumine ces histoires minuscules. C'est le coloris doux et tendre des fresques florentines, de Masaccio et d'Angelico, d'Uccello et de Castagno, avec leurs délicatesses matinales et printanières d'harmonies argentines dans les visages blancs, les étoiles fraîches, l'atmosphère limpide, les architectures légères, les paysages aérés. C'est leur ordonnance pondérée, facilement intelligible, où les figures principales dégagent, tout de suite, leurs attitudes et leurs mouvements : quel que soit le nombre des assistants et des comparses (la foule en est parfois grande), leur présence ne cause ni encombrement sur la scène, ni étonnement chez le spectateur. C'est leur goût de gravité et de sobriété dans le choix discret des accessoires, la suppression des détails inutiles, la simplification des draperies. C'est leur recherche de vraisemblance dans la perspective des figures et des lieux par l'exactitude des fuites linéaires et des dégradations atmosphériques. C'est, tour à tour, leur finesse et leur force dans la réalisation des types vivants et dans leur transposition historique ou légendaire ; c'est aussi leur grâce ou leur vigueur dans l'expression religieuse, sentimentale, passionnée ou dramatique, des physionomies. Il suffit de saisir ces qualités extérieures de réalisation technique pour comprendre en quoi, dès lors, Fouquet diffère de ses prédécesseurs ou contemporains, dans la région française et la région flamande, et comment il est, d'ores et déjà, chez nous, non plus le dernier peintre du Moyen Age, mais le premier peintre de la Renaissance. La simple comparaison d'une de ces feuilles de Chantilly avec une feuille, même la plus brillante, de la bibliothèque de Bourgogne, montrera l'évolution commencée et le progrès accompli.

Ce qu'il y a d'étonnant chez Fouquet, c'est qu'avec tant d'enseignements reçus d'un cœur évidemment si docile et si enthousiaste parmi les Toscans, il ne trahit nulle part, vis-à-vis d'eux, aucun servage apparent. L'imitation de ses modèles se réduit à l'emploi de quelques détails matériels dans l'architecture, le mobilier, l'ornement. Certes, on sent dans son œuvre, presque à chaque pas, on peut indiquer, très sûrement, en certains endroits, le contre-coup prolongé de ses admirations ; ici, c'est Ghiberti ; là, c'est Luca della Robbia, ou Pisanello, ou Masaccio, ou Fra Angelico ; plus loin, Giotto même et les peintres d'Assise, qui se tiennent, derrière lui, à voix douce, qui le conseillent et l'encouragent. Il a respiré leur âme, il s'est rempli de leur souffle, il a appris d'eux à voir plus clair, penser plus ferme, parler plus juste : leur esprit le fortifie et l'anime ; mais c'est tout. Son admiration ne se change jamais en imitation ; s'il pense toujours à ces maîtres, il ne les copie jamais. Ce Tourangeau, si toscanisé, devient le plus français de tous nos peintres, et, dans ce grand désordre politique et social du XVe siècle, c'est lui qui, d'avance, développe, spontanément et clairement, les qualités essentielles et durables de notre génie, avec une telle supériorité, qu'on aura peine, après la crise éphémère du XVIe siècle, à les retrouver et les dégager, par lents efforts, de nos routines et de nos préjugés, aussi nettement que lui.

C'est à la fois dans la composition, l'observation, l'expression, l'exécution, que Fouquet déploie son originalité, qu'il pressent et essaie toutes les ressources du génie national. Sans rien perdre des traditions franco-flamandes de l'âge précédent, qui avaient éveillé en lui l'amour naïf et profond de la nature et de la vie, il choisit, dans les enseignements de l'Italie nouvelle ; avec un tact admirable, il choisit seulement tout ce qui peut éclairer et épurer cet amour. Cette double assimilation, en regardant tantôt le Nord, tantôt le Midi, qui deviendra de règle pour les peintres français, s'opère déjà chez lui avec une aisance et une liberté exemplaires. Il suffit, pour s'en convaincre, d'analyser les deux premières feuilles des *Heures de Chevalier*, le frontispice, comme on pourrait faire toutes les autres.

Une même scène, à la fois idéale et réelle, s'étend sur les deux feuilles qui, dans le livre relié, devaient se faire face. A droite, un portail d'église, en style flamboyant, avec des statuettes dorées de rois, saints, prophètes, anges, s'étageant dans les montants et voussures, sous des dais fleuris : c'est la France. Dans la baie du portail, une niche cintrée, à coquille antique, soutenue par deux colonnettes corinthiennes en lapis lazuli, sur un fond de panneaux rectangulaires, dans la même matière : c'est l'Italie. Dans cette architecture internationale, composée avec un goût parfait, se tient la Vierge, assise, drapée en un grand manteau d'azur, dont les plis abondants ondoient, s'accumulent et s'étalent avec une excessive ampleur : c'est la Bourgogne. La Vierge, elle-même, blonde, grassouillette et fraîche, portant la haute couronne emperlée, ressemble à celle de Melun comme une sœur cadette, plus candide et moins mondaine ; même largeur du front, même absence de sourcils, même finesse du nez et des lèvres, même abondance et blancheur de la gorge : c'est la Touraine. Le Bambino, plus souple et vivace qu'à Melun, tette avidement cette belle gorge qu'il caresse des deux mains. C'est un bel enfant, bien découplé, naturel et joyeux ; ni le nouveau-né anguleux et recroquevillé des Flandres, ni le *puttino* lourd, à grosse tête, comme gonflé dans ses bourrelets charnus, de Florence, mais un bon petit Français, leste, prêt à jouer et rire. Ni lui, ni sa mère, d'ailleurs, n'affectent un sentimentalisme mystique. Ce groupe d'une nourrice royale et d'un nourrisson royal est charmant, chaste et digne, sans nulle recherche d'idéalisme. Mais le recueillement pieux de la mère est si naturel, la gaîté de l'enfant est si franche, que cette sincérité délicieuse suffit à ravir les yeux et la pensée, et que notre imagination enchantée ne s'étonne point de voir, devant ce groupe divinisé, se tenir respectueusement à distance, pour l'adorer, une nombreuse assistance.

Ce n'est plus, ici encore, l'assistance, immobile et muette, des saints et des saintes, simplement rangés, en Flandre comme en Italie, près des donateurs en prière, aux côtés d'une figure divine. La scène est vivante, la scène est réelle ; c'est un concert, un concert dans une chapelle florentine, lambrissée de boiseries, avec pilastres cannelés à chapiteaux fleuronnés (les chapiteaux de Fra Angelico) encadrant des plaques de lapis autour d'un *pavimento* de marbres précieux. Sur la corniche classique de la *spalliera* gambadent, tenant les écussons du trésorier, avec de longues guirlandes de feuilles de laurier suspendues à leurs épaules, des enfants nus et ailés, les amours et les génies des bas-reliefs romains, les *putti* de Jacopo délia Quercia, Donatello, Desiderioda Settignano, Minoda Tiesole, etc., qui se croient des anges pour la circonstance. Le ciel pur et chaud qui éclaire cette salle hypètre est d'un bleu intense, égal, profond, méridional.

Tout ce décor, portail, statues, lambris, est encore avivé par une pluie d'or, rehauts, hachures, pointillés, qui, en certains endroits, couvre des parties entières. Les cheveux de la Vierge, sa couronne, les cordons de sa robe, sont en or pur ; sur les plis de son manteau, les clairs éclatent dans un piquage d'or. Il en est de même pour les autres figures : dans leurs cheveux, sur leurs vêtements, même semis d'or, répandu et distribué d'une main si délicate que, tout d'abord, on le remarque à peine Etienne Chevalier, le donateur, échappe seul à cette prodigalité, parce qu'il est, dans la pensée de l'artiste, le seul personnage réel assistant au spectacle. Nous retrouverons, dans toutes les miniatures de Fouquet, cet emploi constant de l'or, qui, réparti avec une délicatesse unique, leur donne le brillant et la solidité des émaux. Tandis que les nouveaux Toscans dédaignent et suppriment tout à fait, comme des surcharges inutiles, les placages d'or massif chers aux peintres gothiques, Fouquet conserve la tradition, mais en la modifiant et l'utilisant de telle façon, qu'entre ses mains, la vieille formule devient une innovation charmante. L'école de Tours conservera, quelque temps après Fouquet, l'habitude de ces rehauts d'or, mais nul n'en saura user comme lui.

La même hardiesse à poétiser la réalité et humaniser l'idéal, avec le même charme de spontanéité et de naturel, se retrouve dans tout le reste de la scène, le concert donné à la Vierge. Dans l'encoignure de la salle (un morceau parfait de perspective), le long des lambris, se tiennent debout six anges musiciens, accompagnant le chant de cinq anges choristes et de six enfants de chœur, rangés à la suite, voisins de la Vierge. Deux anges, plus âgés, agenouillés à gauche, balancent leurs encensoirs, en se tenant le coude par un geste pris sur le vif, tout à fait gracieux. Près d'eux, au premier plan, se tiennent Chevalier, en robe rouge, les mains jointes, sur ses deux genoux, et, derrière lui, saint Etienne, un seul genou en terre, portant dans la main droite une pierre de son supplice, et, de la gauche, battant la mesure en même temps que les choristes. C'est une audition dans la chapelle ou la sacristie du château royal. Les ailes blanches des musiciens et chanteurs n'empochent point d'y reconnaître, avec leurs mines ingénues ou distinguées, leurs attitudes convaincues et ferventes, les damoiselles, fillettes ou gamins, répétant des cantiques sous la direction de Maître Okegam. Le jeune Etienne est un de ces jeunes et beaux diacres que Florio admirait à Saint-Martin. Comme pour la Vierge, la transposition, pour eux, se fait par l'intensité, profonde, délicate, merveilleusement juste, de la vérité expressive dans le geste et la physionomie. Quant à Chevalier, c'est un chef-d'œuvre de réalité et d'exactitude, mais exécuté avec une telle distinction, que l'œil ne s'étonne pas, non plus, de trouver cet homme si simplement fervent, accueilli parmi des apparitions célestes, car, chez tous, c'est le même sentiment exalté de vie heureuse, le même caractère d'humanité sérieuse et affable.

Sur les quarante-deux miniatures, jusqu'à présent retrouvées, du livre de Chevalier (en plus des deux précédentes), vingt-cinq représentent des sujets de la Vie de Jésus-Christ et de la Légende de la Vierge, depuis le mariage de Marie jusqu'à l'Ascension, l'Assomption et l'Intronisation ; quatorze, des scènes de la Légende des Saints ; les trois autres, une scène, biblique (*Job et ses amis*), une cérémonie contemporaine (*Obsèques d'Etienne Chevalier*), une vision idéale (*le Jugement dernier*). Il suffit d'examiner, presque au hasard, dans les trois séries, une des miniatures et de la comparer, pour la disposition des figures, les types et l'expression des physionomies, le décor des fonds et les accessoires, avec les peintures contemporaines ou antérieures : on sera vite et facilement convaincu de l'esprit d'innovation, à la fois hardi et modeste, que Fouquet apportait dans la reprise des thèmes traditionnels autant que de la qualité, heureuse et durable, de son incomparable originalité.

Ce que l'on doit, tout d'abord, il est vrai, constater, c'est que son imagination est plutôt narrative que poétique, historique que romanesque, qu'elle s'élève difficilement, au-dessus des choses de la terre, en des visions surnaturelles. Les grands vols de l'exaltation mystique, philosophique, pittoresque lui semblent interdits. Son naturalisme, si délicat, si souple, qui anime et vivifie, avec un charme admirable, les personnages divins, lorsqu'il les représente en leur vie terrestre, éprouve grand'peine à s'exalter et s'alléger assez pour les transfigurer dans leur vie céleste. Son extraordinaire habileté à caractériser, grouper, mouvoir ses acteurs dans les scènes de l'histoire et de la légende devient une extraordinaire maladresse à les transporter et transformer dans un spectacle miraculeux. Les plus faibles de ses compositions sont précisément celles qui, en Italie, ont inspiré les compositions les plus hardies et les plus émouvantes, le *Crucifiement*, l'*Ascension*, l'*Assomption*, le *Jugement dernier*. Dès qu'il faut faire envoler ou planer des figures, dès qu'il faut même rassembler et asseoir, parmi des nuées triomphantes, les saints et les saintes, qu'il pose si bien et fait si bien agir sur le sol ou sur des dalles, il n'y est plus.

Pour s'en bien tirer, il faut qu'il recoure à ses souvenirs et à ses études d'architecte et de verrier. L'*Intronisation* de la Vierge, dans une percée lumineuse sur le ciel, en fond de lunette, formant auréole derrière le groupe de la Trinité, avec ses étages de bienheureux superposés alentour en cercles concentriques, est un projet de rosace destinée à l'éclairage d'une chapelle plutôt qu'une plate-peinture. Les meilleures parties en sont d'ailleurs les épisodes où les formes humaines se présentent, avec leurs allures naturelles, sous un éclairage ingénieusement distribué : ainsi, les personnes de la Trinité, trois beaux jeunes hommes, en blanc, de tailles pareilles, d'attitudes pareilles, légèrement diversifiés dans le geste et l'expression, assis sur un banc-d'œuvre gothique à trois niches et dais flamboyants ; ainsi, la petite Vierge tourangelle, assise, elle aussi, dans une chaire gothique, une chaire épiscopale ; ainsi, en bas, comme dans une église, la foule des fidèles, religieux et laïques, vue de dos, assistant, de loin, à l'apparition lumineuse de ce conseil des divinités tenant séance dans le vitrail resplendissant.

En revanche, lorsqu'il s'en tient aux scènes terrestres de l'Evangile, Fouquet les rajeunit et les renouvelle avec une fertilité d'inventions et un bonheur de trouvailles qui le mettent fort au-dessus de ses contemporains. Presque tous les Italiens, on le sait, sauf Fra Angelico, même les plus grands et les plus hardis, se contentent alors, et se contenteront longtemps, de moderniser les scènes traditionnelles du drame sacré par le seul changement du style, sans modifier sensiblement l'ordonnance consacrée, en sorte qu'on retrouve à la même place, dans les mêmes attitudes, depuis Giotto jusqu'à Raphaël, et même au-delà, tous les personnages déjà fixés dans les miniatures ou mosaïques byzantines. Fouquet, lui, n'hésite pas à modifier la formule consacrée, pour trouver une mise en scène plus naturelle, si c'est possible, et plus simplement humaine, l'exemple de cette hardiesse lui avait été donné par la piété ingénieuse du bon moine de Saint-Marc, dont les panneaux sur la Vie du Christ, conservés à l'Académie des Beaux-Arts, à Florence, prouvent, à cet égard, l'esprit libre et novateur. Le Français, laïque et lettré, prend plus de libertés encore avec les formules ecclésiastiques ; mais, s'il s'écarte, plus souvent que Fra Angelico, de la lettre de l'Evangile, il lui arrive souvent aussi de trouver, dans une étude plus attentive du texte, des éléments nouveaux d'émotion dans le développement de son drame. Ainsi, par exemple, dans la représentation de *la Cène* (qu'il place dans une salle d'auberge parisienne, d'où l'on voit, par la porte ouverte, l'abside de Notre-Dame), neuf apôtres sont rangés sur des bancs de bois, autour d'une table ronde, trop étroite pour huis, près d'une grande cheminée flambante, tandis que les autres, debout, se mêlent aux assistants respectueux et curieux. Fouquet, le premier, je crois, y donne à Judas son vrai geste, le geste noté par saint Marc et saint Mathieu Les peintres antérieurs, presque toujours, signalaient simplement et brutalement le traître en l'asseyant, seul, à part, de l'autre côté de la table ; quelques autres se contentaient de lui mettre une bourse en main. Ici, au moment où le Christ prononce les paroles : « Celui qui met la main dans le plat en même temps que moi est celui qui me trahira, » Judas, qui est debout, son escarcelle à la ceinture, tend la main pour recevoir un morceau de pain que lui offre le Christ. Dans le *Jésus livré à Judas*, une scène admirable, où la clarté des étoiles, dans la nuit, lutte avec la clarté des lanternes, Fouquet ne manque pas d'introduire un épisode non remarqué par ses prédécesseurs, celui du jeune homme, nu, couvert seulement d'un linceul, qui suivait depuis quelque temps Jésus, et auquel, dans la lutte, on arracha ce drap. C'est dans saint Marc que le peintre a pris ce détail. Pour le *Portement de Croix*, il n'a pas manqué de choisir le moment où Simon de Cyrène prête, malgré lui, son aide au Christ, lorsque ce rustre, revenant des champs, est forcé, à coups de masses d'armes, par les soldats, de porter le pied de la croix. On pourrait multiplier les observations de ce genre à propos de presque toutes les compositions de la série et prouver ainsi dans quelle étude attentive et intelligente des textes le peintre, avec cette ingéniosité d'esprit littéraire qui sera celle de nos plus grands artistes, Poussin et Delacroix, recueillait certains éléments de vérité, de sentiment, d'action et de beauté.

Néanmoins, ce n'est point à cette conscience, ni à cette curiosité du lettré, c'est d'abord et avant tout, à la sensibilité de l'observateur et à la sincérité de l'artiste qu'il faut attribuer l'extraordinaire accent de vie et de vérité qui éclate, partout, dans ces scènes attendries ou dramatiques. En les plaçant parmi des décors réels d'architectures ou de paysages français, en donnant » résolument à ses acteurs des types et des costumes du jour, Fouquet, comme les Flamands, assurait à ces épisodes historiques une vraisemblance palpable et immédiate. Ce qui le met, toute fois, beaucoup au-dessus des Flamands, c'est l'aisance avec laquelle, au milieu de ces figures contemporaines, il fait mouvoir les personnages évangéliques

(Christ, Saintes Femmes, Apôtres) dans leur costume traditionnel, le costume antique. De même qu'il opère, dans ses architectures, le mélange des souvenirs gothiques et des souvenirs classiques, avec un goût surprenant, de même il associe le hoqueton et la toge, les hauts-de-chausses et la tunique, la cotte d'armes et le manteau, dans le mouvement de ces épisodes, avec une si parfaite aisance, que, nulle part, ni l'œil, enchanté par l'ensemble harmonieux des mouvements, ni l'esprit, saisi et retenu par la justesse et la vivacité des sentiments exprimés, ne songent à y relever l'anachronisme. En même temps que les costumes variés, brillants, amusants du XVe siècle, donnent au peintre l'occasion de déployer toute son habileté joyeuse de coloriste, les vêtements majestueux ou austères qu'il conserve à ses personnages sacrés lui offrent celle de montrer, dans le jet et le mouvement des étoffes, sa science de dessinateur. Les draperies de Fouquet, tantôt abondantes et ruisselantes à la façon de Bourgogne, tantôt discrètes et simplifiées comme dans les statues antiques, tantôt serrées et ajustées suivant la mode contemporaine, le plus souvent calmes et larges comme celles des imagiers du XIIIe siècle, toujours exactes et vraies, peuvent être comparées, pour leur beauté d'expression, leur goût noble ou délicat, avec celles des plus grands artistes postérieurs. Il en est dont le style grave et puissant n'a été retrouvé que par Poussin et par Ingres, d'autres dont la souplesse spirituelle est déjà celle de Watteau.

L'un de ses attraits habituels, c'est la vraisemblance des milieux où se meuvent ses figurines. Architectures extérieures, aménage mens intérieurs, dans ses églises, palais, maisons, tout respire la vérité, tout annonce l'exactitude. Les perspectives peuplées et bruyantes de ses bâtisses resserrées aussi bien que les panoramas déserts et silencieux de ses campagnes ouvertes ont été pris sur nature, en bonne terre de France. Que s'il lui arrive parfois de mêler à ces études locales quelques souvenirs de voyage, un campanile toscan, un édifice romain, des montagnes alpestres, il le fait, comme pour les costumes, avec un tact particulier. Aussi, dans ces fonds réels, derrière les scènes vivantes, que de joies variées, que d'évocations précieuses pour les amoureux de la nature et les passionnés de l'histoire ! Avec quelle justesse délicate et quelle précision aimable s'y trouvent fixés déjà les aspects, si peu changés, du val de Loire, avec ses donjons de pierre et ses manoirs de brique, et les fines verdures de ses coteaux allongés ! Avec quelle netteté aussi, netteté d'architecte-peintre, s'y conservent tant de coins pittoresques du Paris de Louis XI (la Pointe de l'Ile et la Porte Saint-Bernard dans le *Saint Martin*, au Louvre, le Donjon de Vincennes, dans le *Job et ses amis*, à Chantilly, le Gibet de Montfaucon dans la *Sainte Catherine*, Notre-Dame, le Châtelet, le Palais, dans la *Déposition de Croix*, etc., etc.) ! Le peintre apporte le même scrupule à consulter ses carnets d'Italie qu'à consulter les spectacles étalés sous ses yeux ; une page des Grandes Chroniques de France nous offre une vue intérieure de l'ancienne basilique de Saint-Pierre, à Rome, l'une des plus exactes qui nous soient restées ; c'est là que, respectueux de la vérité historique, il fait couronner Charlemagne.

Les décors de Fouquet sont exacts et réels ; ses acteurs ne sont pas moins réels, ni moins exacts, car la légende, sacrée ou profane, ne lui est jamais qu'une occasion de faire vivre et agir les hommes qu'il connaît, les hommes de son temps. Courtisans et soudards, gens d'église et de robe, gentilshommes et bourgeois, ouvriers et paysans, comme il les a tous fréquentés, comme il les a tous analysés, avec la même perspicacité bienveillante, il les mettra tous en scène. La variété infinie des êtres l'intéresse autant que la variété des choses. Il est bien, sous ce rapport, le digne ami du Toscan Florio, comme il le fut sans doute aussi du Flamand Commynes, qui vivait dans le même cercle ; on peut imaginer des conversations singulièrement intéressantes entre ces trois bons physionomistes, lorsqu'ils revenaient ensemble du Plessis ou de Marmoutier. Aussi fin analyste des caractères dans ses portraits peints que l'historien diplomate dans ses portraits écrits, Fouquet, le pinceau à la main, néanmoins, ne s'en lient pas là. Pour la variété et la vivacité des couleurs, pour l'abondance des détails significatifs, dans les représentations de fêtes ou cérémonies, il veut encore lutter avec les chroniqueurs et les romanciers, ses contemporains, dont la richesse verbale est inépuisable, Olivier de la Marche, Martial d'Auvergne, Antoine de la Sale, etc.

Ce en quoi il se distingue toujours, parmi ces descripteurs, écrivains ou artistes, des mœurs françaises du XVe siècle, c'est le tact, naturel ou de culture, avec lequel il évite de tomber dans la grossièreté courante, de se laisser aller à la grivoiserie qui, chez quelques-uns, tourne si vite à l'obscénité. Ce Tourangeau, avisé et subtil, si foncièrement français, ne se repent jamais de n'être plus un gaulois ; il conserve toujours, sans aucun pédantisme, ni solennité, une gravité et une réserve dans la tenue qui révèlent à la fois l'honnête homme et l'esprit élevé. Aucune trace de sensualité brutale dans le plaisir visible qu'il éprouve à décrire la grâce d'un délicat visage ou d'une belle gorge féminine. Aucun accès de trivialité populacière et sardonique dans la joie évidemment sympathique qu'il apporte à représenter les labeurs et les jeux des petites gens. A peine cet esprit d'observation comique, qui est l'esprit du terroir, se trahit-il chez lui deux ou trois fois, par quelque trait jovial, et presque toujours bien placé ; ainsi, dans le *Mariage de la Vierge*, l'un des prétendants évincés, quelque gros argentier ou marchand, brise, avec un dépit de Turcaret-Prudhomme, sa baguette stérile sur son genou ; ainsi, dans la *Sainte Apolline*, scène cruelle de torture au milieu des préparatifs d'une représentation théâtrale de Mystères et Soties, on voit s'enfuir un fou relevant ses grègues tombantes ; l'entourage justifie suffisamment l'épisode. Ces traits grotesques sont assez rares. Est-ce à son séjour en Italie, parmi des artistes d'une culture plus délicate, est-ce à ses fréquentations de protecteurs et de conseillers bien choisis, dans la société cosmopolite de Tours, qu'il dut de savoir garder cette retenue si contraire aux habitudes de ses contemporains ? En tout cas, l'exception est à noter, et cette pureté d'imagination s'ajoute à la fine et franche bonhomie du peintre pour en faire un des types les plus sympathiques de notre première Renaissance.

En bon Français qu'il est, ayant, dans sa jeunesse, assisté aux tristesses de l'occupa lion étrangère, partagé les joies de la délivrance, assisté peut-être à quelques batailles, et vivant, à. Tours ou à, Paris, au milieu des revues, tournois et parades, il raffole, d'ailleurs, des hommes d'armes, des uniformes bigarrés, des armures étincelantes, des harnachements luxueux, de tout cet appareil militaire auquel l'organisation récente d'une armée nationale donnait un nouveau prestige. Il aime surtout les cavaliers parce qu'il adore les chevaux. Aucun artiste au XVe siècle, même Vittore Pisano, qu'il rappelle souvent et qu'il dut étudier, n'a mieux connu, en le pratiquant sans doute, et n'a mieux dessiné le cheval. A côté de ses bêtes fines, élégantes, aux souples allures, les destriers

Section V

épais de Paolo Uccello, avec leurs ruades et piaffes en raccourcis laborieux, semblent des animaux pesants de somme ou de labour, et les montures énormes des combattants maladroits de Piero délia Francesca paraissent des masses immobiles, exsangues et sans ressorts. Avant les fresques de Schifanoia et les cartons de la bataille d'Anghiari, on ne verra nulle part des coursiers plus agiles ni une gendarmerie mieux montée. Qu'on regarde, dans le *Saint Martin*, la patrouille au pas qui précède l'officier le long du quai de Seine, dans la *Sainte Marguerite*, le beau gentilhomme Olybrius, sur son cheval blanc, suivi par un nain, non moins bien monté (souvenir de Pisano, dans la médaille de Gonzaga), d'après une mode antique :

... parmi les vieux François
Qui erroiont tout armez par déserts et par bois,
Accompagnez d'un nain, cherchant leur aventure.

Qu'on examine, ailleurs encore qu'au Louvre, en vingt endroits, les groupes de soldats rangés en parade ou en bataille, partout on admirera la belle tenue de ces bêtes de sang et de leurs guides, et l'on ne s'étonnera point de l'effet qu'allaient bientôt produire « dans les Itales, » en défilant sur les dalles sonores, entre les chauds regards des belles méridionales, par les rues de Pise, de Florence, de Moine, de Naples, des cavaleries si bien montées et si bien équipées !

L'une des pièces où l'on voit le mieux l'esprit d'élégance saine et vive qu'apportait Fouquet dans le choix de ses types, aussi bien pour les animaux que pour les hommes, est le Saint Paul, tombant, avec son cheval, sous le coup de foudre qui le renverse et l'illumine, dans la plaine de Damas, ou plutôt de Tours. Avec quelle souplesse le noble coursier noir, terrassé, se prosterne et s'allonge, tandis que se cabrent les bêtes de la suite et que Saül, désarçonné, mais resté en selle, penché sur le col de sa monture, soulève sa tête d'adolescent, blême, presque féminine, vers l'apparition céleste ! Le Juif violent et persécuteur est devenu un beau chevalier, en armure ciselée et dorée, gardant, sous l'orage, la tranquillité d'une âme heureuse et confiante, un chevalier comme en formait la Dame aux Belles Cousines. Comme ses amis d'Italie, le Tourangeau distribue donc, tant qu'il peut, des trésors de jeunesse et de grâce à ses saints et à ses guerriers. Le David, agenouillé, en plein champ, devant les visions infernales, n'est pas un héros moins séduisant que le Saint Paul. Si jamais l'on retrouve un saint Georges égaré de ce Propre des Saints, comme on a retrouvé le Saint Martin, ce sera un adolescent, svelte et vif, un chevalier d'une délicieuse élégance, un délivreur de princesses à ravir les yeux et les cœurs, comme son frère aîné dans le bas-relief de Donatello sous la célèbre statue d'Or-San-Michele, à Florence, comme son frère cadet dans les peintures de Carpaccio à San-Giorgio dei Schiavoni et à San-Giorgio Maggiore de Venise.

Dans ces spectacles de beauté humaine, faut-il soupçonner quelque mensonge d'artiste, quelque artifice de praticien ? C'est peu probable, car, dans d'autres scènes toutes réelles, prises sur le vif, où s'entremêlent, avec une sincérité évidente, tes types les plus divers, les uns d'une franche laideur, les autres d'une grâce charmante, on retrouve des figures aussi distinguées et qui, cette fois, sont des portraits. Çà et là, sans doute, on peut soupçonner un peu de complaisance, quelque légère atténuation du type, lorsqu'il s'agit de hauts personnages ; néanmoins, la ressemblance n'est jamais douteuse. Nous avons déjà parlé du portrait de Charles VII, en roi mage, adorant la Vierge. Derrière lui, viennent, en tuniques blanches, le Dauphin et le petit Duc de Berry. Le Dauphin, tout jeunet alors, avec des airs d'innocence, est d'une élégance parfaite. Un peu plus tard, lorsqu'il sera Louis XI, il présidera avec la même distinction le conseil de l'ordre de Saint-Michel (Bibliothèque Nationale). Mêmes allures vives et aisées, même fraîcheur des vêtements, dans les archers de la grand'garde qui les suivent, tout pimpants et flambants, dans leurs hoquetons tricolores (vermeil, blanc, vert), chargés d'orfèvreries, cuirassés et empanachés, avec leur chef, si noblement campé (sans doute, comme le suppose M. Gruyer, Messire Théaulde de Valporgue, qui les commandait à l'entrée dans Rouen).

Les gens d'église, dans leurs cérémonies, ne se présentent pas avec moins de dignité professionnelle. Les offices de Saint-Martin, Saint-Gatien, Notre-Dame la Riche ne faisaient d'ailleurs que raviver, dans l'imagination du peintre, les souvenirs toujours présents des solennités romaines. Toutes ces processions ou assemblées de prélats, en costumes de couleurs variées, le plus souvent claires, lui fournissent des occasions de faire jouer les ombres et les lumières, sous un jour tranquille, avec un sentiment très fin des harmonies et des perspectives. La répétition et l'uniformité liturgiques des attitudes et des costumes ne lui servent qu'à mieux faire ressortir, par le nuancement délicat des colorations associées, la diversité des physionomies et des expressions. Nous trouvons déjà, chez lui, cet effet pittoresque des mitres blanches alignées dont Carpaccio, Raphaël, tant d'autres (M. Henri Lévy, récemment encore, au Panthéon), devaient tirer si bon parti. Les mêmes apparences de dignité sans morgue et d'honnêteté sans pruderie, d'accomplissement heureux et facile des devoirs de la vie, se retrouvent dans tous ses personnages, quel que soit le monde où il les prenne. Quel auditoire attentif que celui des élèves rangés autour de Saint Thomas d'Aquin, dans une salle voûtée de la Sorbonne (salle des thèses à Orléans ?) ! Quel paisible intérieur de bourgeois tranquilles que la chambre de Sainte Elisabeth, où une servante fait sécher un lange devant la grande cheminée, tandis qu'une autre prépare le bain de l'enfant et qu'une troisième borde le grand lit où leur vieille maîtresse, mère tardive, s'apprête à recevoir un groupe de visiteuses enturbannées à la dernière mode qui vont lui jouer la scène des « Caquets de l'accouchée ! » Quel entrain de bons ouvriers, quelle indifférence aussi à tout ce qui n'est pas leur besogne, dans les charpentiers qui, sous le Calvaire, percent les trous de la croix, la vieille forgeronne et le vieux soudard qui martèlent et aiguisent les clous du supplice ! Soit que ses paysans, un jour de fête, rament en barque sur le Cher ou se répandent, en rondes dansantes, sous les tonnelles fleuries ; soit qu'il assemble, autour d'un cercueil, le cercueil de Chevalier, des bourgeois, des pleurants, des mendiants ; soit qu'il groupe, autour des scènes de supplices, des Juifs, des fonctionnaires, des curieux ; c'est partout la même justesse d'observation, le même accent de vérité, le même attrait simple et puissant d'une humanité vivante, sensible, variée, diversement et inégalement émue, comme elle l'est dans le train ordinaire des choses. Rien de plus éloigné des formules esthétiques et des conventions théâtrales où, plus tard, nos peintres perdront ou corrompront leur liberté d'esprit ; rien aussi de plus touchant et de plus heureux que cette affirmation, intelligente et éclairée, en cette crise décisive, de la supériorité, dans les arts, du naturel sur le factice et de la vérité sur les conventions. A la même heure, dans la littérature, Villon, Antoine de la Sale, Commynes faisaient la même déclaration.

Section VI

Quelques autres miniatures de Fouquet sont encore des chefs-d'œuvre. Le frontispice des *Statuts de l'Ordre de Saint-Michel*, dont nous avons déjà parlé, est une merveille d'harmonie colorée, dans les tons clairs, aussi bien que d'observation physionomique. L'effet de lumière douce, répandue dans une salle close, y est rendu avec une délicatesse extrême. Tous les chevaliers, debout aux côtés du roi, coiffés d'un haut bonnet bleu ou noir, portent, par-dessus la robe d'azur ou d'incarnat, un manteau blanc doublé d'hermine, avec bande rouge sur l'épaule. Le roi, assis, est en même costume. A ses pieds, se tiennent deux grands chiens blancs, un lévrier et un dogue. La salle, voûtée de lambris en berceau, est à peu près celle où l'on voit, à Chantilly, chez le Pharisien, la Madeleine parfumer les pieds du Christ, mais plus simple, et sans décor ; au fond, un tableau de Saint Michel pourfendant le monstre a remplacé le bas-relief de chevaliers faisant une passé d'armes. C'est un document non moins précieux pour l'histoire que pour l'art.

Il en est de même du frontispice du *Boccace* où l'on assiste au procès, pour haute trahison, de Jean, Duc d'Alençon, au château de Saint-Georges à Vendôme, en août et septembre 1458. L'œuvre fut commandée au peintre, cette fois encore, par Etienne Chevalier et exécutée sur place. Sur cette petite feuille, qui n'a guère plus de 30 centimètres de hauteur, dans l'enceinte réservée sont assis, sous la présidence du roi, plus de 150 juges, magistrats, dignitaires, fonctionnaires ; devant les barrières se bousculent encore une centaine de curieux, bourgeois, ouvriers, paysans, difficilement contenus par les huissiers, grands gardes et massiers. Dans cette foule, pas une figure qui n'ait son caractère, pas une attitude, un mouvement, une physionomie qui ne soit typique. Les juges sont si ressemblais qu'on a pu les identifier presque tous au moyen des procès-verbaux, peintures, effigies tombales, etc. Des comptes de fournisseurs ont prouvé jusqu'à l'exactitude du tapis fleurdelisé qui couvre le plancher. Nulle sécheresse, pourtant, nulle confusion non plus dans cette scène grouillante où, chaque figurine, bien à sa place, calme ou agitée, est plus ou moins attentive à la lecture d'une pièce par le greffier. Ce magnifique en tôle fut certainement, d'un bout à l'autre, peint par Fouquet. Les quatre-vingts miniatures qui suivent sortent de son atelier.

Dans les *Antiquités judaïques* où, d'après une note de Robertet, bibliothécaire du Duc de Bourbon, Fouquet continua l'œuvre interrompue d'André Beauneveu, onze pièces sont de sa main. Quelques-unes peuvent rivaliser avec les feuillets de Chantilly. Néanmoins, çà et là, cette main hésite et s'alourdit ; parfois, on sent un collaborateur. Il en est de même pour les *Chroniques de France*, où cinquante-trois illustrations lui semblent justement attribuées. Si l'invention n'est pas toujours aussi parfaite, on y sent, du moins, partout l'esprit du maître, sa fertilité et sa liberté d'invention, sa clarté et son naturel dans la mise en scène, son intelligence du geste expressif, sa connaissance des types et des caractères, sa science des perspectives linéaire et aérienne, son amour des paysages frais et des effets d'architecture, son respect de la vérité, son sentiment délicat de la vie et de ses émotions. C'est là surtout que fourmillent, parmi les édifices de Paris et de Rome, les soudards et les chevaux, et que se livrent de furieuses batailles. Telle de ces mêlées lilliputiennes, à la fois inextricable et claire, où la vivacité triomphale des étendards bleus et roses s'agite sur l'azur des cieux ou le vert des arbres, annonce déjà Delacroix. Comme peintre militaire, Fouquet se montre, cette fois encore, supérieur à tous ses contemporains, Flamands ou Italiens.

De ce que Fouquet est un miniaturiste admirable, en faut-il conclure, comme on l'a fait longtemps, comme le fait encore M. Gruyer, qu'il ne fut et ne put être qu'un miniaturiste ? Nous croyons avoir déjà prouvé le contraire. L'examen même de ses miniatures nous confirme encore dans notre opinion. Si les figures n'y sont pas toujours, d'un bout à l'autre, dessinées avec le même soin, ni modelées à fond, surtout dans les extrémités, l'exiguïté du cadre et la place occupée justifient, presque toujours et suffisamment, ces brièvetés d'indication. En revanche, la composition est toujours simple, puissante, claire et vive, chaque personnage est toujours défini avec netteté, sûreté, ampleur dans l'attitude et le geste. Or, ce sont là précisément les qualités essentielles de la peinture murale et historique, bien plus utiles et nécessaires à son effet que la correction scolaire et la précision minutieuse du détail.

Le plus souvent, dans les belles pièces, notamment dans celles de Chantilly, les figures du premier plan sont déterminées avec une force et une largeur qui peuvent supporter, qui semblent appeler menu ; les agrandissements. Chevalier et Saint Etienne dans le *Frontispice*, la Vierge, Sainte Elisabeth dans la cour de la *Visitation*, le groupe principal, si pathétique, de *Jésus sur les genoux de sa mère*, les Apôtres de la *Mission apostolique*, de la *Mort*, du *Convoi*, de l'*Assomption de la Vierge*, les trois personnes de la Trinité dans le *Couronnement*, le *Saint Paul* sur le chemin de Damas, le *Saint Jacques Majeur*, tendant son cou au bourreau, le *Saint Jean à Pathmos*, le *Saint Nicolas* recevant la mitre, le *Saint Hilaire* présidant un concile, le *Saint Thomas d'Aquin* enseignant, le *Job* écoutant ses amis, les porteurs du cercueil d'Etienne Chevalier, dans les *Funérailles*, ne perdraient rien à cette transposition, car ce sont de véritables personnages de fresque ; il n'y a pas beaucoup de compositions murales, en cette admirable Italie, présentées avec plus de force, de décision et de grandeur.

Quoi qu'il en soit, sans s'attarder en d'inutiles regrets ou des suppositions actuellement dépourvues de preuves, prenant Fouquet, tel qu'il se présente, avec l'ensemble de ses œuvres arrachées à l'oubli, nous devons reconnaître en lui un grand artiste. C'est l'un des plus complets et des plus originaux qu'ait produits le XVe siècle ; c'est l'un de ceux qui ont dégagé, avec le plus de hardiesse et de prudence à la fois, l'art nouveau de l'art du Moyen Age, sans rupture violente, sans affectation révolutionnaire, par le simple développement des qualités du passé sous l'action d'un amour plus intense et plus éclairé de la nature et de la vie. Pour nous, Français, il représente, le premier, à l'aurore de la Renaissance, dans la peinture, le génie national, se développant el se complétant au contact d'un art étranger, avec cette facilité d'assimilation qui fut toujours et devait devenir plus encore le caractère de notre race et de notre civilisation, mais sans y rien perdre de son indépendance nécessaire, de ses énergies natives, non plus que de ses traditions séculaires.

Il suffit, d'ailleurs, pour comprendre son mérite, d'énumérer les qualités indigènes qu'il sut, du premier coup, mettre en œuvre et en lumière, que les artistes postérieurs, durant la période Haloclassique, ont le plus souvent laissé perdre ou insuffisamment reprises, et que, depuis deux siècles, nos peintres ont tant de peine à ressaisir. Compositeur, portraitiste, peintre de mœurs, paysagiste, Fouquet attendra longtemps des successeurs. Avant Poussin et Lesueur, qui donc se souciera, chez, nous, de renouveler les sujets légendaires, religieux et profanes, par l'étude des sources historiques et littéraires, l'observation de la vie réelle, l'expression plastique, intellectuelle, morale, sentimentale ou passionnée des personnages en scène ? Dans le portrait, les Clouets, si fins, si délicats lorsqu'ils analysent des visages aristocratiques, ne travailleront jamais qu'une matière mince, pâle et légère ; l'on ne reverra pas d'effigies viriles, d'une exécution robuste et d'un aspect magistral, comme le *Chevalier* et le *Jouvenel*, avant Poussin, Nanteuil, Claude Lefebvre, Largillière, Rigaud. On sait ce que devint, durant le XVIe et le XVIIe siècle, la peinture des mœurs contemporaines, méprisée et oubliée. A part quelques provinciaux, Abraham Bosse (un Tourangeau encore) et les Lenain, qui donc regardait les petites gens, bourgeois, soldats, robins, ouvriers, paysans ? La sympathie fraternelle que l'enlumineur royal éprouvait pour eux ne se réveillera qu'avec Watteau, Chardin, Lépicié, les illustrateurs du XVIIIe siècle et l'école rustique et réaliste du XIXe siècle. Quant au paysage, au paysage de France, sans stylisation décorative, sans transformation historique, à l'honnête paysage simple, aéré, vivant, personne, hélas ! depuis Fouquet, ne le verra plus avec des yeux aussi clairvoyants et une sensibilité aussi naïve, jusqu'à l'arrivée de nos paysagistes contemporains, jusqu'à Flers, Cabat, Théodore Rousseau, Millet, Troyon.

C'est donc avec raison que l'acquisition par M. le Duc d'Aumale, dans les dernières années de sa vie, de la série d'œuvres la plus importante de Jehan Fouquet, et leur rentrée en terre natale, ont été saluées, par les amis de l'art français, comme une victoire nationale. A l'heure où, dégoûtés des formes conventionnelles longtemps imposées à leur imagination, et fatigués de perdre, sans conviction, leurs efforts et leur temps en des redites laborieuses et inutiles d'après des chefs-d'œuvre inimitables dus à des croyances ou des rêves disparus, nos peintres retournent, en masse, à la nature vivante, comme à l'inépuisable source des inspirations durables, il était bon de leur rappeler que leurs grands ancêtres n'avaient pas autrement procédé. L'honnête et modeste Tourangeau leur fournit une admirable preuve que le moyen le plus sûr pour un artiste d'assurer sa gloire, dans l'avenir, malgré les caprices de la mode, malgré l'injustice passagère, malgré même les longs oublis, c'est encore d'exprimer avec simplicité ce qu'il a bien senti et de raconter avec sincérité ce qu'il a su bien voir.

ISBN : 978-1724878267

www.ingramcontent.com/pod-product-compliance
Lightning Source LLC
Chambersburg PA
CBHW070941220526
45469CB00007B/2470